最新版

儲かる！治療院経営のすべて

〜コロナ後の整骨院、鍼灸院、整体院開業・経営のバイブル〜

吉田 崇
株式会社 吉田企画
TAKASHI YOSHIDA

同文舘出版

ごあいさつ

２００５年に処女作『儲かる！　治療院経営のすべて』を執筆してから16年。毎回魂を込めて書かせていただくので、もう二度と書かない、と書き終わった時には思うのですが、お蔭さまで本書は5冊目となりました。本書は私にとって、特に思い入れの強い処女作の改訂版ということでご依頼をいただいたのですが、普遍的かつ重要な骨格は変えずに、文章・図表とも全面改訂しました。

さて、２０２０年に世界中を襲った新型コロナウイルス感染症は、人々の心や経済といった、人類にとって根幹に関わる部分に大きなダメージを与えました。治療院業界はコロナ禍の中でも営業を続けられる業種となる中、私が関わる治療院では過去最高の売上げを上げた院もありました。しかし、残念ながら閉院に追い込まれた院も数多くあると聞きます。

そして、コロナ後の治療院業界は、繁盛院はさらに繁盛し、経営に苦しんでいる院の閉院はさらに増えてくるという、二極化が明確になります。この違いは何なのか、を本書ではさまざまな角度から分析しています。

ところで私は、新規の個別訪問のコンサルティング受付を２０１８年秋に終了し、東洋医学と西洋医学を融合し、「日本の健康寿命を延ばすお手伝い」をミッションとして、医師との共同経営会社による医療経営サポート、医療クリニック・歯科との連携、みんなの森®グループ運営、弊社のコンサルタントによる「オンライン経営コンサルティング」のサポート、外反母趾研究所サポートなど、現在は実業家として仕事をさせていただいています。また作家としての執筆活動、そして講演家としての講演活動といった、治療院業界で最長の20年以上、経営コンサルタントとして業界に関わり続けていますし、これからも一生、治療院業界に関わらせていただきます。

「日本の健康寿命を延ばすお手伝い」をすることが、私の人生の目的の重要な一つです。これを実現するためには、治療家のみなさんが西洋医学と融合してその一翼を担いながら、取り組むことが必須であると強く考えています。東洋医学や西洋医学やフィットネスや栄養学等といった、あらゆる専門家が関わって進めなければ、少子高齢化の中、国民皆保険の崩壊が加速してしまいます。治療院が患者を「真の健康」に近づける取り組みの一翼を担うことで、治療院業界の地位向上、日本国民に愛される治療院業界づくりを実現したいと思っています。

最後になりましたが、本書を発刊するに当たって、みんなの森のみなさま、クライアントのみなさま、師匠の先生方、友達のみんな、いつも支えてくれる弊社社員のみんな、家族、処女作をお声がけいただいてから本書まで編集くださった古市達彦氏、そして神さま・仏さまに心より感謝申し上げます。

2021年9月吉日

最新版 儲かる！ 治療院経営のすべて 目次

1章 コロナ後の治療院経営に不可欠な原則

2章 全国繁盛治療院10選

3章

新患を爆発的に呼び込む インターネット（HP・SNS）活用の方法

4章
治療院チラシはつくり方しだいでコロナ後も大当たり！

5章

知らないと損する看板メソッドと院内環境づくりのポイント

6章 リピート率を上げ、紹介を増やした院が実践している鉄板法

7章 女性の接遇のプロ監修！　女性目線の接遇の基本とは？

8章
優秀な人材が長く在籍する評判制度・採用・人材育成ノウハウとは？

9章
たったこれだけの数字分析で経営改善策が見つかる

10章 経営コンサル20年で悟った 治療院の未来を輝かせる経営のすべて

装丁　齋藤　稔
組版　マーリンクレイン
本文イラスト　鈴木真紀夫

1章

コロナ後の治療院経営に不可欠な原則

1 コロナ後に治療院経営で「差別化」が必要な理由

映画の中のような世界が現実となった、新型コロナウイルスの世界中での蔓延。その中で治療院業界は国民に必要とされていることが明らかになりました。私が知る限り、施術技術と患者対応がしっかりしている治療院は業績を伸ばした院も数多く出ています。しかし、反対に閉院を余儀なくされた治療院も多くあったようです。

治療院だけでなく、どんなビジネスでも「差別化」が重要です。治療院は、他にはないブランディング、接遇・居心地のよさ等を提供するサービス、検査、問診、施術技術等を提供できなければなりません。

人は誰しも、価値/価格でサービスや商品を捉えます。要するに、3千円の施術費を払っても6千円の価値があると感じたら、価格より2倍の価値があったと判断します。しかし、もし3千円の施術費を払っても、同じようなサービスと施術内容が他の治療院で千円だったものを体験した場合は、価格より1/2以下の価値しかなかったと判断してしまいます。では、仮にこのまま同じ価値を提供し続けた場合にはどうすべきか? 答えは施術費を千円以下に下げることでしか対抗できません。

このように、他にないものは比べようがないし、希少価値がありますので価値が上がります。しかし、「差別化」できないと、価格競争に巻き込まれてしまうということです。

治療院業界全体として、保険が使える整骨院が自費を導入し、自費の治療院と競合している状況となっていますが、差別化できている治療院は、コロナ禍であろうと競合院ができようと関係なく業績がよいようです。つまり、「当院だけにしかない価値を提供できている」治療院です。そのような治療院は、しっかりと自院の特長を活かした経営を行なっているのです。今や、「施術技術さえあれば経営ができる」という時代ではなく、施術技術以外の差別化にも目を向けなければならない時代になっています。

本書では、誌面の都合上、「患者さん」「患者さま」ではなく「患者」としています。予めご了承ください。

差別化
ブランディング
治療技術
検査
問診
サービス
Red Ocean

2 何でもいいから一番になることの威力とは？

競合院が多く存在すれば当然、患者の奪い合いになります。大競合の時代に、どこが生き残るのかというと、一番院が生き残ります。競合院が増えれば増えるほど、一番院に患者が集中するようになります。なぜそう言えるのか？　マーケティングの視点から言えば、一定の地域内でのシェアが最も高い一番院は、ロイヤリティーが高く、その院を知らない人はいない状態になるからです。

競合が増えれば、その地域での治療院に対する認知度も上がるわけですから、初めて治療院にかかる人は、「まず一番院に行ってみよう」となる確率が高くなるわけです。ですから、マーケティング視点で言えば、一番を目指すことが最重要なのです。ちなみに、一定地域内での総需要額の中で、自院の売上高が26％以上のシェアを取れたら一番院と言えます。

さて、少々話が難しくなりましたので、身近な例で質問します。

「日本で一番高い山はどこでしょうか？」この質問には、小さな子供からお年寄りまで、誰でも「富士山」と当然のように答えることができると思います。では、「日本で二番目に高い山はどこでしょうか？」と質問されてすぐに答えられる方がどれだけいるでしょうか？

正解は「北岳」ですが、知らない方がほとんどです。これほど、一番と二番の差は大きいということを知っておいていただきたいのです。

ですから、何でもいいから地域で一番になることを決めましょう。もちろん、売上げや患者数で地域一番を目指すことは重要ですが、お一人で経営されている方にとっては、地域で一番の売上げや患者数を達成するのは難しいでしょう。ですから、とにかく何でもいいから一番をつくることを考えましょう。

検査・問診で一番、あいさつで一番、笑顔で一番、開院時間で一番、…何でもいいのです。とにかく、他院では真似ができないほどの長所を活かして一番を作るのです。その長所が特徴や魅力となり、それによってクチコミや紹介につながることになります。

当院の差別化リスト	
治療技術	高度な治療技術を使っているので、多くの痛みを改善することができる
	高度な治療技術に当院独自のアレンジを加えたことで、劇的に痛みを改善することができる
	鍼灸を行なっているので、痛み以外のさまざまな症状にも対応できる
	超音波検査器を導入しているので、ケガの診療も自信を持ってできる
	医療機器を数多く揃えているので、症状に合わせて使い分けることができている
	治療スタッフ研修をみっちり行なっているので、治療スタッフの技術力が高い
販売促進	ホームページを定期的に更新しているので、常に最新情報を提供できている
	ブログを、月2回は必ず投稿している
	googleマイビジネスを定期的に確認している
	SNSに週1回は投稿している
	PPC広告を行なっている
	新患に紹介カードを必ず渡している
接遇	明るい、笑顔の接遇を行なうことができている
	受付、治療スタッフにも地域NO1の接遇をお願いし、実践してもらっている
	在籍歴の長いスタッフには、一部の患者さんから一流ホテル並の対応だとほめられることがある
	定期的に、スタッフ全員で「接客がすばらしい」と言われているレストランで食事をしている
	スタッフとのコミュニケーションを、積極的に図ることができている
	接遇専門の講師による研修を年2回行なっている
スタッフ育成	専門家に依頼して評価制度を構築している
	朝礼を毎日行なっている
	月末の会議は受付も含め、全スタッフで行なっている
	接遇の項で挙げた、接遇専門の講師による研修を年2回行なっている
	治療技術の練習は終業後1時間は毎日必ず行なっている
	治療技術の向上のため、治療スタッフにも外部講習を受けてもらっている
心構え	「患者さんのために治療院を経営しているかどうか」ということを日々自問自答している
	何が起きても、「他人のせいにはしない」ということを常に意識している
	常にスタッフのみなさんへの感謝の気持ちを忘れないようにしている
	経営を行なう以上、利益を出さなければならないので、無駄な費用がないか常に気を配っている
	経営者である私が、常に人格者でなければならないので、自己研鑽を重ねる
	「三方よし」の状態に常になっているか、を判断基準としている
その他	院の周辺の清掃活動を毎朝行なっている
	近隣の店舗等との連携を図る活動を随時行なっている
	町内会やボランティア活動等に、積極的に参加している
	患者さんとの親睦会を年1回行なっている
	患者さんへの新患ハガキ、紹介ハガキなどはきっちり行なっている
	スタッフの健康を考えて、バランスのよい食事の摂り方等の指導を行なっている

3 時流に適合した経営が業績アップのポイント

〝時流〟とは、読んで字のごとく、「時代の流れのこと」です。「流行」や「ブーム」とは違う、大きな時代の流れの中で、マーケットが変化していくことを言います。

流行やブームは、おおむね半年〜2年でのマーケット変化を指します。流行やブームを追いかけると、その先頭を走らない限り収益を上げることは容易なことではありません。流行やブームは、需要の爆発的な増大はありますが、ピーク期間は短いので投資回収が難しいのです。

もちろん、世の中のニーズに合うこと、つまり、需要が多い事業を行なうのが経営としてはベストです。つまり商売は、自分が売りたい商品ではなく、顧客が買いたい商品を売ることがポイントです。

当たり前のように思えますが、あなたが提供したい施術と、患者がしてほしい施術は、100％一致している自信はありますか？

また、治療院業界の中でも整骨院では、「一昔前までどのような接遇や治療をしようと、患者さんで溢れかえっていたけれど、最近は患者数が半分以下になった。なぜかよくわからないけれど……」という治療院経営者さんの話を耳にすることがあります。治療院に行きたい患者の数より、治療院数が少ない状況の時は、多少嫌な思いをしても、他によい院がなければ患者は通わざるを得ませんでした。今の時代は治療院に限らず、昔の成功体験が通用しなくなりました。インターネットの発達で莫大な情報を得られるようになっていますから、流行やブームだけでなく、時流の変化も激しくなっているのです。

今日明日、今月の患者数ももちろん大切ですが、時流を見据えた経営を行なうことが重要です。常に世の中の動きにアンテナを張って、時流の変化に対応できる柔軟性が不可欠でしょう。

治療院業界の時流は、施術技術のさらなる多様化、エネルギー・霊体等の根源的な施術技術の隆盛、整骨院の自費化による自費院のさらなる競合激化、治療院グループに安心感を持つ患者が増えている等が挙げられます。

ブーム
流行
時流

4 ブランド力のある院が持つ7項目

ブランドづくりとは、自院が一貫性を持って、どのような姿勢で事業展開しているかを訴求し、他院との差別化されている部分を明確にして、患者を獲得していくことです。ブランドづくりがうまくいけば、事業価値や認知度を高めることで、結果としてマーケティングの投資効率が相乗的に向上することになります。

①コンセプト・治療内容がわかりやすいこと…「腰痛専門院」「根本改善」などといった、院のコンセプトが明確になっていて、何をしてくれるのかをわかりやすく認知させることです。

②特定分野での抜群の実績を持っていること…スポーツ傷害得意などといった特定の分野で突出した実績があるなどということがポイントです。「スポーツでケガをしたら○○治療院」という認知がされているのもブランドと言えます。

③治療家としての歴史を持っていること…「30年の治療家実績」とか「延べ5万人の治療実績」などといった、治療家としての歴史があるということです。

④革新性があって他院との違いが明確にあること…業界内外から、常に新しいことを取り入れ、患者が納得できる施術、接遇、サービスを行ない、他院との差別化を図ることです。

⑤情報発信を積極的に行なっていること…患者向けのLINE配信、情報誌を定期的に発行したり、患者目線で洗練されたHPやSNS配信している等といったことです。

⑥TV、ラジオ、本の出版、認定されていること…TV、ラジオ等のマスコミ、本の出版は大きなブランドになります。また、認定機関から認定を受けていることもブランドづくりに有効です。

⑦治療院グループに所属していること…1院の治療院より、治療院グループのほうが安心感があります。スターバックス等のチェーン店と個人店の喫茶店では、チェーン店が圧倒的に客が多いですよね。規模の安心感は大きなブランド力になります。

ブランド院の定義

形として見える、わかりやすい
一番 あるいは、**ならでは** がある

↓ 結果として

「クチコミ・紹介数」がブランドを作る前の
2倍以上になる
「新患数」 がブランドを作る前の
2倍以上になる

5 「経営力」と「技術力」の両輪をアップするには？

私がこれまで数百の治療院と関わって来た中で、最も感じてきたのが、治療の「技術力」アップに偏っている方が多く、「経営力」アップに時間と労力をかけている方が圧倒的に少ないということです。たしかに、施術の「技術力」を高めていかなければ、患者に満足いただける施術ができないのは当然だということはわかるし、事実だと思います。しかし、今の競争激化の治療院業界では、経営にあまり力を入れなかったために患者数が減って閉院してしまう事例が多く見られるようになりました。実際、「今まで通りしっかり施術技術を磨いてきたのに患者数が減っている」と嘆いている方から、私の元への問合せは非常に多くなっています。

治療院業界に限らず、どんな業種でも言えることですが、どれだけすばらしい技術があったとしても、あなたにすばらしい技術があることを知っている人がいなければ、来院のしようがありません。そして、あなたの院に来院して、「あなたの院に通い続けたい、紹介したい」と思ってもらえなければ、患者数は増えません。ここでの「経営力」とは、「知ってもらう」「来院してもらう」「続けて来てもらう」「紹介してもらう」ことにどのような戦略があるかということです。多くの治療院はクチコミや紹介による新患獲得が主だと思いますが、では、そのクチコミや紹介の具体的な戦略はありますか？ もしないとすれば、これまでもっとたくさんのクチコミと紹介をもらえた機会を失い続けていたということです。

しかし、今からでも遅くはありません。本書では、「経営力」アップの手法にほとんどの紙面を割いています。業績アップのためには「新患獲得」「リピート」「紹介・クチコミ」など、さまざまなことがしっかりと機能する必要があります。

実際、施術技術と同様、経営にも「これさえやれば正解」はありません。「経営力」がアップしていくと、患者に施術で満足していただくこと以上に、何をしたらもっと満足、あるいはそれ以上の感動をしてもらえるか？ ということをより考えるようになります。これが「経営」です。

リピート
紹介
クチコミ
経営力
技術力

6

自費の価格設定、ズバリこうする！

最近の弊社へのコンサルティング相談で、ほぼ100％を占めるのが「自費治療の価格設定」です。実際、価格設定しだいで、集患数や利益率が大きく変わってきますので、弊社のコンサルティングの中でも重要な位置を占めています。

特に、これまで保険適用のみでも経営ができていた整骨院業界の方にとっては、保険請求によって7～9割引きで提供していた施術サービスを値引きなしで提供しなければならないのでたいへんです。私はセミナーで毎回伝えるのですが、整骨院は100円の大根を10円～30円で売っていいわけで、八百屋がそれをやれたら誰だってボロ儲けです。ですから、よっぽどの放漫経営をしない限り、誰がやっても整骨院は潰れないという時代が続いたのです。

整骨院経営として、自費化が必要だということで3000円の施術費をいただかないと成り立たない現実があっても、7～9割引きの保険適用で長年やってきたものを、自費で患者からいただくのはハードルが高いと悩まれている整骨院経営者が多くいます。

自費の価格設定のポイントの一つは、新患に対して「あなたが患者に満足いただける自信のある価格を設定する」ということです。あなたが検査、問診、説明、施術をする商品ですから、その労力と技術で患者さんから最低でもいただける自信のある価格でスタートしてみることをお勧めしています。そして、価格を設定した後に、その価格よりもよりいただける価値があるという自信が持てたら、価格を上げるという流れで価格設定をしていただくことが多いのです。

弊社のコンサルティングでは、このポイントを基準にしてあなた、及びあなたの治療院に合った価格設定をアドバイスしています。また、既存患者への大幅な自費価格アップはお勧めしていません。既存患者への価格設定を変更する場合の丁寧な説明・納得は非常に重要で、患者との信頼関係の中で進めないと、価格設定の変更が原因で閉院になってしまった治療院が多くあることをよく聞いています。

自費治療
価格設定
理解
努力
技術
信頼
利益
信用
集客

7 高単価の自費を増やすには

整骨院では、保険だけで経営するのがたいへん厳しい時代となり、自費の導入が必要になっています。しかし、保険と自費は患者層も集患方法もまったく違っていますから、前項でもお伝えした通り、保険の延長線上での自費導入はうまくいかないことが多いのです。

1回の施術費が3000円以上の高単価の自費を始める方法としては、ホームページやチラシ等のマーケティング集患がメインになります。弊社のコンサルティングでは、ホームページでの自費の集患がメインとなりますが、地域によって、あるいは新規開業の時はチラシでも自費の集患もできます。

これまでのコンサルティング経験の中では、保険患者が自費に移行したり、保険患者から自費患者が紹介されることはほとんどなく、新たな患者層を開拓することが必要となります。当然、自費患者からの紹介は自費になるので、自費患者を新規で開拓して、施術に納得してもらうことで、自費での再来リピートと、自費の紹介が獲得できるようになります。

また、施術スタイルとしては、鍼灸、カイロプラクティック、マッサージ・指圧、各種整体、霊体・エネルギー、歩き方・運動指導など、さまざまな選択肢があり、最近ではさまざまな施術法が開発され、勉強会やセミナーが開催されています。一昔前は、施術技術が共有されることが少なかったのですが、現在のように多様な施術技術が公開されていることは、治療院全体の技術力が底上げされることとなり、患者にとってよい傾向だと考えています。

また、私がこれまで出会った治療家の方で、「この人の施術はすごい」と感じた方は、総じてさまざまな施術法を習得され、患者さんの症状に合わせて施術法を変えることができ、さらに施術の精度を上げるべく施術法に対して深く研究を重ねている方でした。このような方々は、再来リピートと紹介だけで十分経営が成り立っています。この域まで達している方は「本物の治療家」だと思います。

ホームページ
チラシ
自費治療を
増やすには
勉強会
研究
リピート率
紹介
新患開拓

8 治療院はサービス業と患者が思う時代の対応とは？

サービス業というと、飲食店や小売店などを連想されるでしょうが、そもそも顧客に何らかのメリットを提供し、その満足度によって価値が創出される業態をサービス業と言います。当然、病院などの医療機関も属するので、治療院も立派なサービス業と言えます。

競合の少ない時代は、「院長の態度が横柄でイヤだけど、他にないから…」と渋々通院していたという患者の声もよく聞かれました。もうすでにそういう時代は終わっています。患者が減ったのはコロナだから、競合院ができたから、不景気だからなど外部環境のせいにする方もいますが、経営は99％トップで決まるものですから、ほとんどは内部要因が原因なのです。治療院＝サービス業の発想ができなければ、これからはさらに淘汰が加速されていくことになります。ここでは、患者サービスとは何かを具体的に説明していきたいと思います。

①インフォームドコンセント（検査、問診、説明と同意：患者が治療家から施術内容などについて必要な検査、問診、説明を受け納得した上で、患者が選択した施術を行なうこと）をしっかりと行なう。説明には必ずビジュアルツール（口頭だけでなく、紙やｉｐａｄ等の目で見てもらいながらの問診、説明）、そして「納得」が不可欠です。「聞いた」「理解した」ではなく「納得」です！　患者に「納得」させられていない問診、説明が圧倒的に多いと感じています！

②土日の開院を行なう、開院時間を延長するなど、患者ニーズに応えようとする。

③施術だけでなく、心も癒してくれるおもてなしの接遇を行なう。

その他、さまざまなサービス業的な対応が求められています。日本のサービス業は全体的にサービス力が向上していて、患者の目が肥えています。特に、高額自費の患者は社会的に成功されている方が多く、一流のサービスに数多く触れているということを認識しなければなりません。施術技術が高くても、よほど人間ができている人以外は、一度でも嫌な思いをするのはもちろん、「レベル低い」と思われてしまったら二度と来院されないものです。

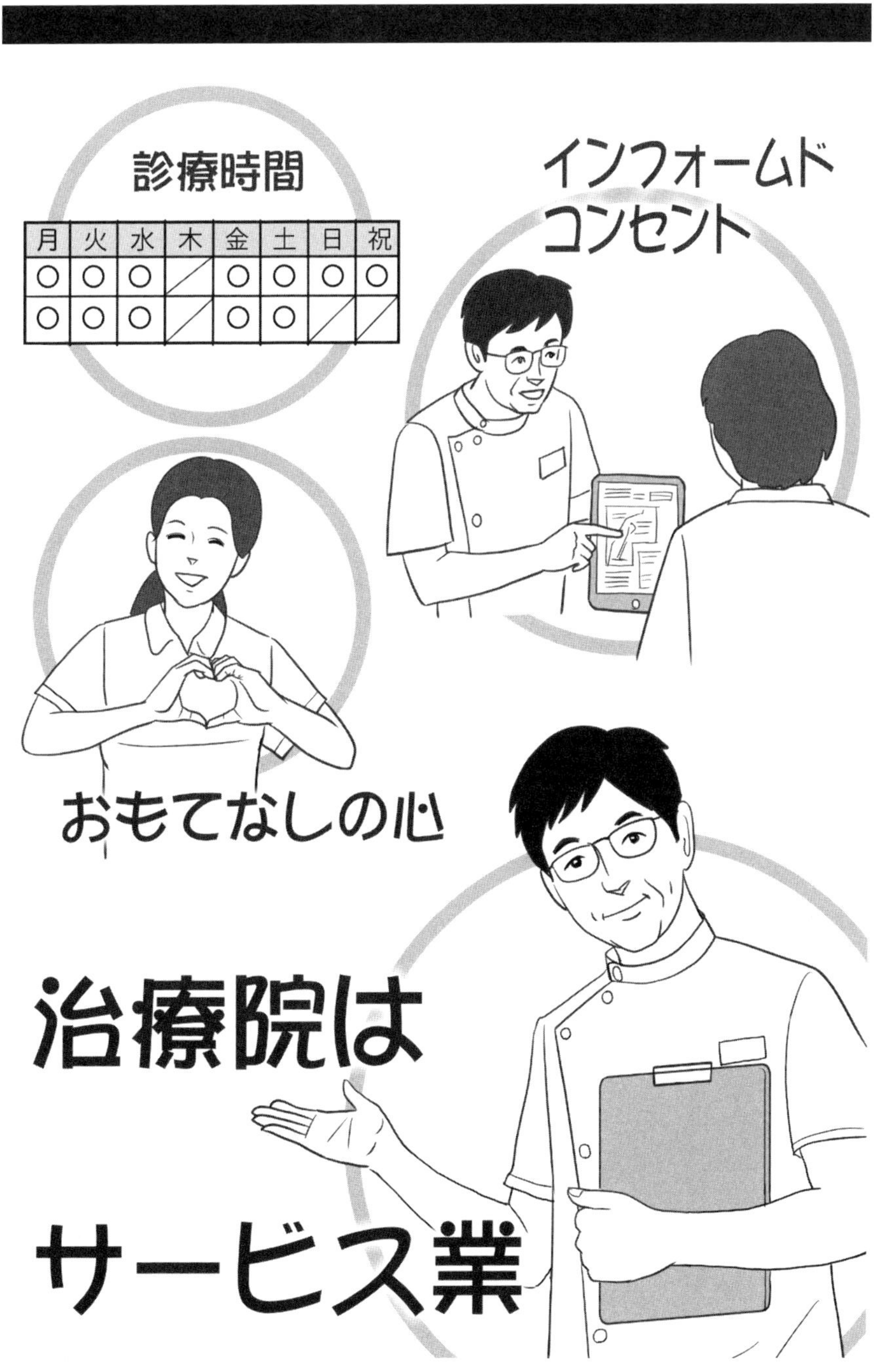
診療時間
月 火 水 木 金 土 日 祝
○ ○ ○ ／ ○ ○ ○ ○
○ ○ ○ ／ ○ ○ ／ ／
インフォームドコンセント
おもてなしの心
治療院は
サービス業

9 ミッション・経営理念・ビジョンを明確にするには

治療院経営を行なう上で、ミッション・経営理念・ビジョンを明確にしていなければ、経営計画も立てられないし、マーケティング上でも戦略・戦術・戦闘が明確にできないので、3年後、5年後、10年後の目標よりも、「目先の利益」に固執するようになりがちです。

ミッションとは「治療院がはたすべき使命」「何のために治療院があるのか？」です。創業原点の「どのような思いで治療院を始めたか？」を、改めて思い出してみてください。経営理念とは、言い換えると「遠大な志」であり、トップの経営哲学及び世界観です。

そして、ミッション・経営理念に基づき、ビジョンを定めます。ビジョンとは、「夢」に近いのですが、長期的に実現可能なあるべき姿の展望と言えます。

ミッション・経営理念・ビジョンをつくる目的は、治療院を運営していく上での価値基準や行動原則を決め、治療院が存在している意味と目的を院内外で共有することです。

ミッション・経営理念・ビジョンの内容が「あなた自身の人生の目的」というレベルまで明確になれば、あなたとスタッフのモチベーションが向上し、一体化することができます。当然、パート・アルバイトを含めた全スタッフにその考えが浸透させるのが理想です。

お題目として掲げられたものでなく、これに基づきどれだけ、現実に「落とし込める」かが大きな差になります。その具体策がビジョンや経営計画であり、戦略・戦術・戦闘ということです。

戦略・戦術・戦闘とは簡単に言えば何かというと、①戦略…ミッション、経営理念、ビジョンに基づいたビジネスモデルのこと。集患や固定患者化のしくみづくり、料金設定、施術手法の選択など。②戦術…戦略に基づいた戦闘の仕方や方法のこと。販促物の検討、治療の見せ方や治療の流れの検討等。③戦闘…戦術に基づいた具体的な手段のこと。チラシなどの販促物の作成、検査、問診、治療などと定義されます。

ミッション
ビジョン
経営理念
おおっ！

10 経営計画が不明確な治療院が陥るワナとは？

ミッション・経営理念・ビジョンが定まったら、経営計画を立案してください。経営計画は、経営理念・ビジョンと現状との「ギャップ」を埋めていく具体策ということになります。

まず、経営計画を立てる上で、現実を直視した客観的な現状分析は絶対に不可欠です。身近な例えをよく使うのですが、飛行機のチケットを買う時に、行き先はわかっていても、どこから出発するかがわからなければチケットは買えません。同じように、「目標」を決めても「現状」がわからなければ、「目標到達へのチケット」を手に入れることはできないのです。

一例として手前味噌ですが、弊社で「みんなの森®整骨院」という独立自営のグループを立ち上げています。「日本の健康寿命を延ばすお手伝い」をミッションとして、詳細な経営計画を立て、より多くの治療院に認知いただくべく、私達のできうる限りの最大限の労力を使って、さまざまな具体的なアクションを続けているつもりです。

経営計画を作ると、先を見通しながら具体的な準備が始まります。ですから、将来目指すべき方向に向けて動いていきます。これは、スタッフとの一体化も生み出します。夢のある計画に向けてトップとスタッフが一丸になり、同じ方向にベクトルが向けば、想像以上の力が発揮されます。

しかし、経営計画が明確ではない治療院は、とにかく明日や今月の直近の患者数や売上げに集中してしまいますから、この差は歴然です。またスタッフは、院の「将来」が見えないと当然不安を抱きます。先ほどの例で言うと、「行き先不明の飛行機に乗る」ということです。「経営計画のない院という飛行機」に乗せられているスタッフがどれだけ不安になるか、想像に難くありません。「給料が安い」とか「人間関係が悪い」などといった理由でスタッフの入れ替わりの激しい院は、往々にして経営計画が明確でない院だということを実感しています。この差は、数年後には大きな差になって現われてきます。

経営計画シート

経営計画	現在の年商3,000万円を、年商4,000万円にする
計画達成期日	今期で達成する (2022年12月)
達成までの問題点	● 優秀な施術スタッフの増員ができるか? ● 施術スタッフの育成ができるか? ● 集患ができるか? ● リピート率を上げられるか? ● 患者単価を上げられるか?
達成した時の利益	● 長年の希望だった一軒家を建てる頭金にする ● 子供を私立の中学校に入学させることができる ● スタッフ全員で高級レストランで食事をする ● 昔からの目標だった年商4000万円を達成できる
達成までにやるべきことの落とし込み	● 施術スタッフの募集 ● 施術スタッフの育成方法を勉強する ● 新患を増やすための方策を検討する →ホームページの改善 →PPC広告をスタートさせる、勉強する ● リピート率や患者単価を上げるための方法を考える →本を読んだり経営のDVDを買ったりする
これからやるべきこと（ステップ）	1．施術スタッフの募集を早急にかける（再来週から） 2．ホームページの内容を考える（1ヶ月以内に） 3．PPC広告を始めてみる（ホームページ修正後すぐ） 4．施術スタッフを採用し、治療の補助ができるように育てる（採用後3ヶ月以内） 5．経営の本を10冊読む（3ヶ月以内） 6．治療院経営のセミナーに参加する（3ヶ月以内） 7．リピート率の統計を取り続け、対策の効果があったかどうかを毎月検証してリピート率を上げるようにする 8．患者数を今の1．2倍に増やして単価を上げる（6ヶ月後）
計画達成日	年　　月　　日

2章

全国繁盛治療院10選

1

かわい鍼灸接骨院（東京都）

2001年開業の、東京都練馬区にある「かわい鍼灸接骨院」です。院長の河合慎太郎先生と弟さんで副院長の河合栄治郎先生の治療院です。施術内容としては、独自の施術法と鍼灸治療を行なっており、自費治療は初診料3000円、施術費7000円。

2005年から長年コンサルティングで関わらせていただいていて、お付き合い当初から、スタッフ教育・育成に力を入れておられます。河合院長の、「患者さんを治療して喜んでもらうことが好きで、これからもずっと現場で施術を続けたいし、患者さんへの思いと施術技術をスタッフに伝え続けるのが生きがいだし、使命だと思っています」「私たちは、地域No.1の接骨院を目指して施術を行なっています。患者数一番も重要ですが、患者満足度、スタッフ満足度が最優先だと考えています。そして、『やる気』のあるスタッフを大事にしていきたい。『やる気』のある柔道整復師に施術を受けた患者様は幸せです！」という強い思いは長年変わりません。

また、お付き合い当初は自費施術がほぼなかったのですが、現在まで毎年、自費施術額が伸びていて、新たな施術技術も導入しつつ、ここ数年は自費治療がメインとなっています。

自費施術がメインの中で、1日中ほぼ予約で埋まっていて、新患は診療時間後か昼休みしか診られない状況となっています。今、地域一番の接骨院であることは間違いありません。

そして、開業当初からの目標の一つだった分院「スマイル江古田鍼灸接骨院」を、2015年9月に開業。こちらの分院の対応力・施術技術力が高く、リピート率が非常に高いのです。大きな理由は、すべての患者一人ひとりに寄り添って、施術計画を患者と話し合いながら、症状ごと、患者ごとに施術内容を変えながら対応されているからです。

今は自費中心となっていますが、保険中心の時代には数多くの治療スタッフが勤務されていました。数多くの方が独立開業されて成果を上げています。

かわい鍼灸接骨院
交通事故でのケガ・自賠責保険
通勤・お仕事場でのケガ・労災保険
かわい鍼灸接骨院
予約優先制
かわい鍼灸接骨院

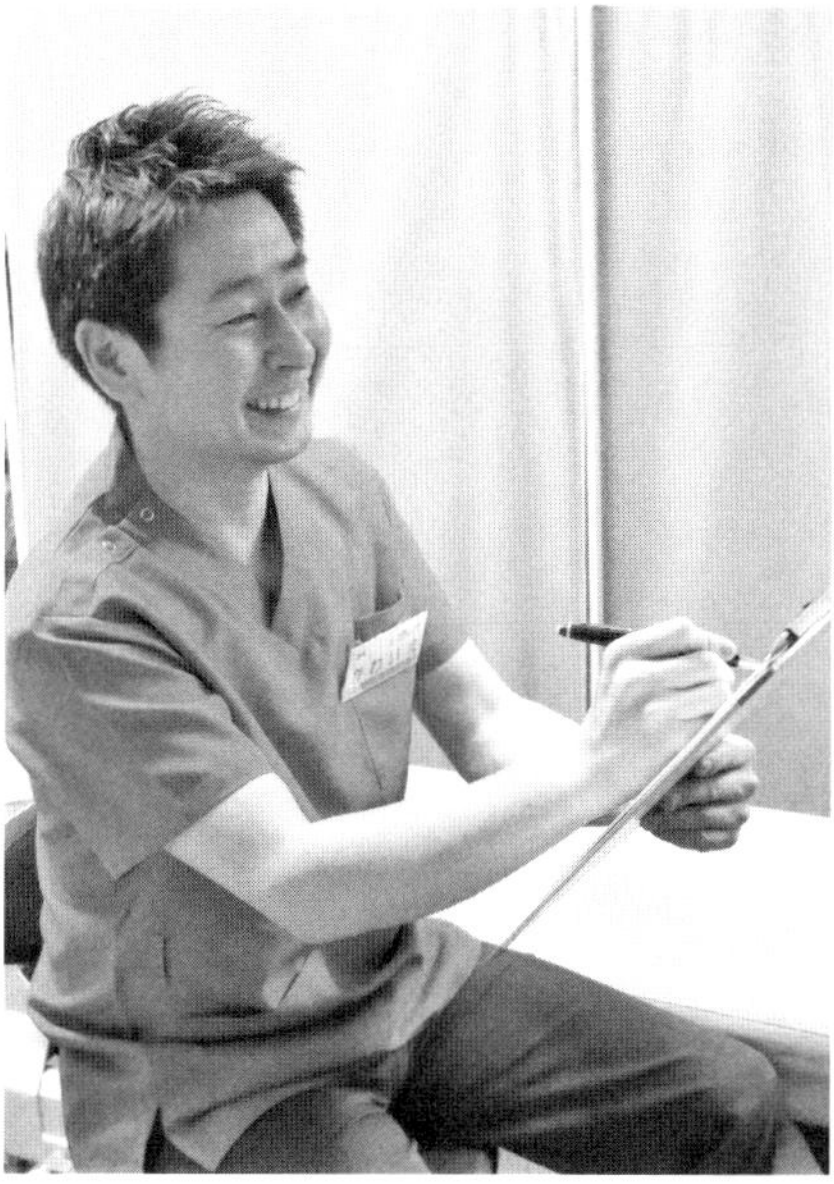

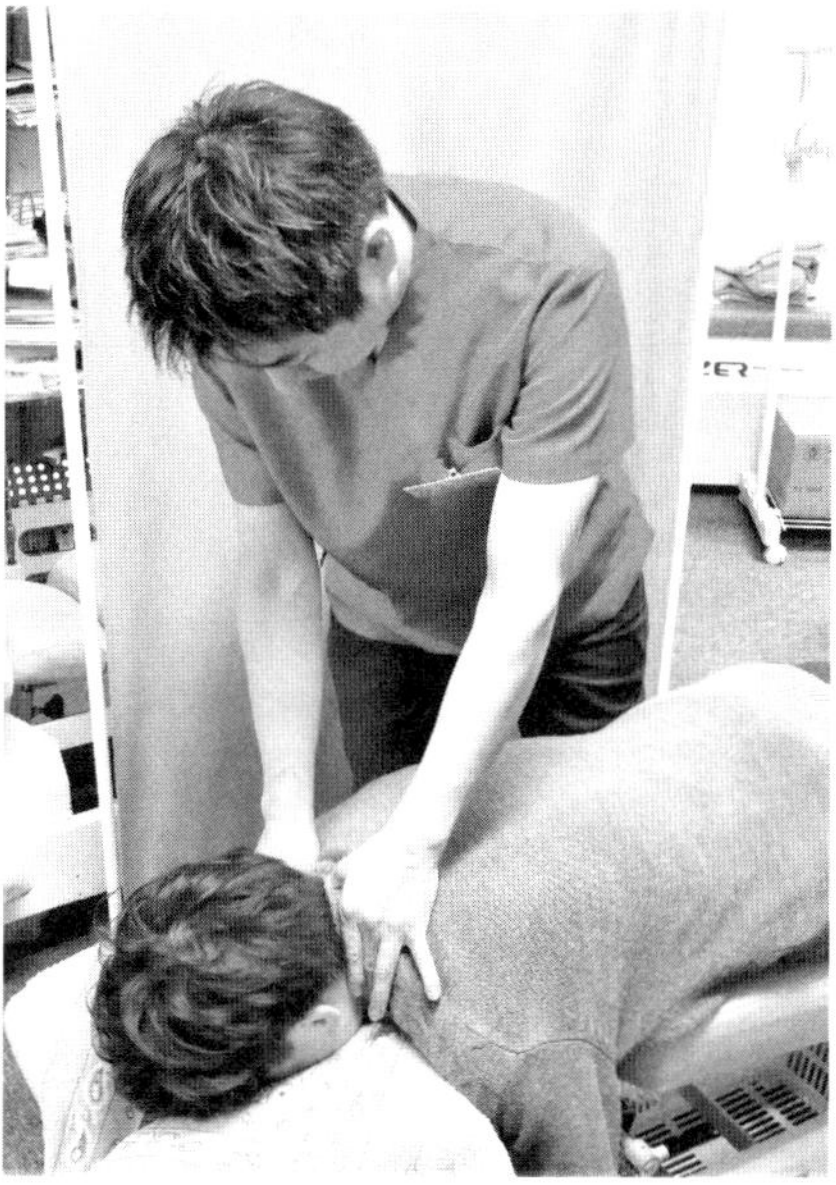

2 外反母趾研究所（東京都）

外反母趾研究所代表古屋達司先生は22年間、5千人以上の患者の症状を改善する中で、外反母趾に悩む患者の歩行を分析し、適切な歩行改善指導を行なうことで外反母趾の根本改善を行なわれています。

この歩行指導による外反母趾は、インソール・矯正・整体・マッサージなどで「アーチのサポートをした」「バランスがよくなった」「足指に力が入るようになった」から改善したというような、曖昧な理由で外反母趾を改善させるものではなく、外反母趾になる理由そのものを取り除き改善に導くのが特長です。

また、『ゆりかご歩き®』は外反母趾以外の症状にも高い効果を発揮します。歩行を改善すると、原因不明の「足関節痛」「膝痛」「腰痛」の患者の症状が改善されることがわかりました。また、スポーツを行なっている患者の歩行が改善されると、スポーツパフォーマンスが向上することも確認されています。人間の「歩く」という基本的な動作を正しく行なうことで、身体全体のバランスが整い、多くの症状が改善されるのです。

長年の実績が認められて、全国ネットのTV番組出演、全国紙の新聞での掲載、7冊以上の書籍出版など、多くのメディアに取り上げられています。

また、医学会、小学校、カルチャー教室、接骨師会等で講師として声がかかるなど、地域貢献活動も数多くされています。

外反母趾研究所の足の悩み改善メソッドを後世に残すべく、すべての改善メソッドをマニュアル・動画で解説し、わからないことはいつでも質問できる体制が整った認定院制度を設けられ、後進の育成にも力を入れています。外反母趾研究所の卓越したメソッドを多くの治療家のみなさんに継承いただき、一人でも多くの足の悩みで苦しまれている方々を救うことで、「日本の健康寿命を延ばすお手伝い」につながります。

弊社では、ポータルサイト運営による集患、会員への接遇・リピート率アップのフォロー等で提携し、応援させていただいています。

[redacted]

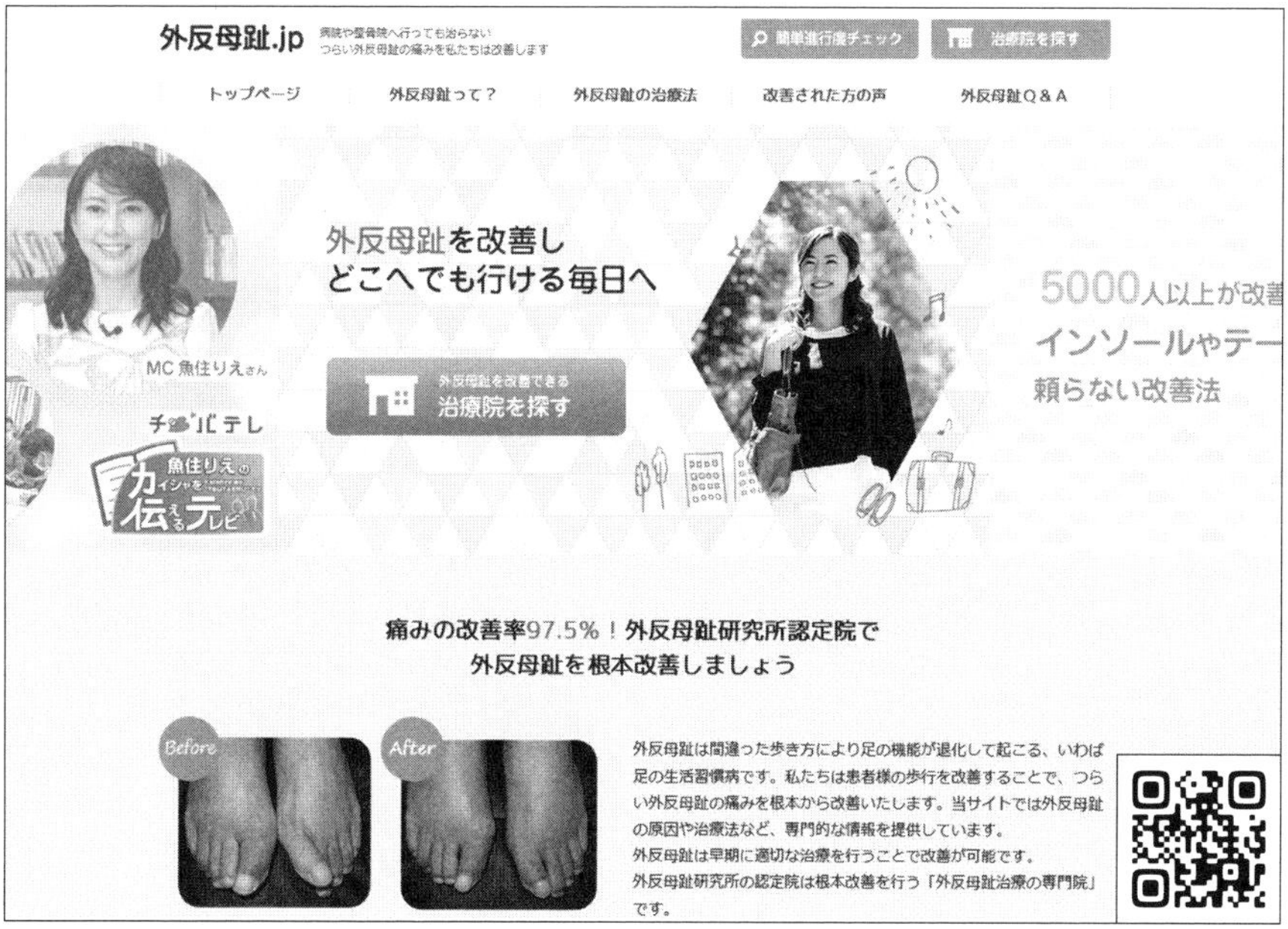

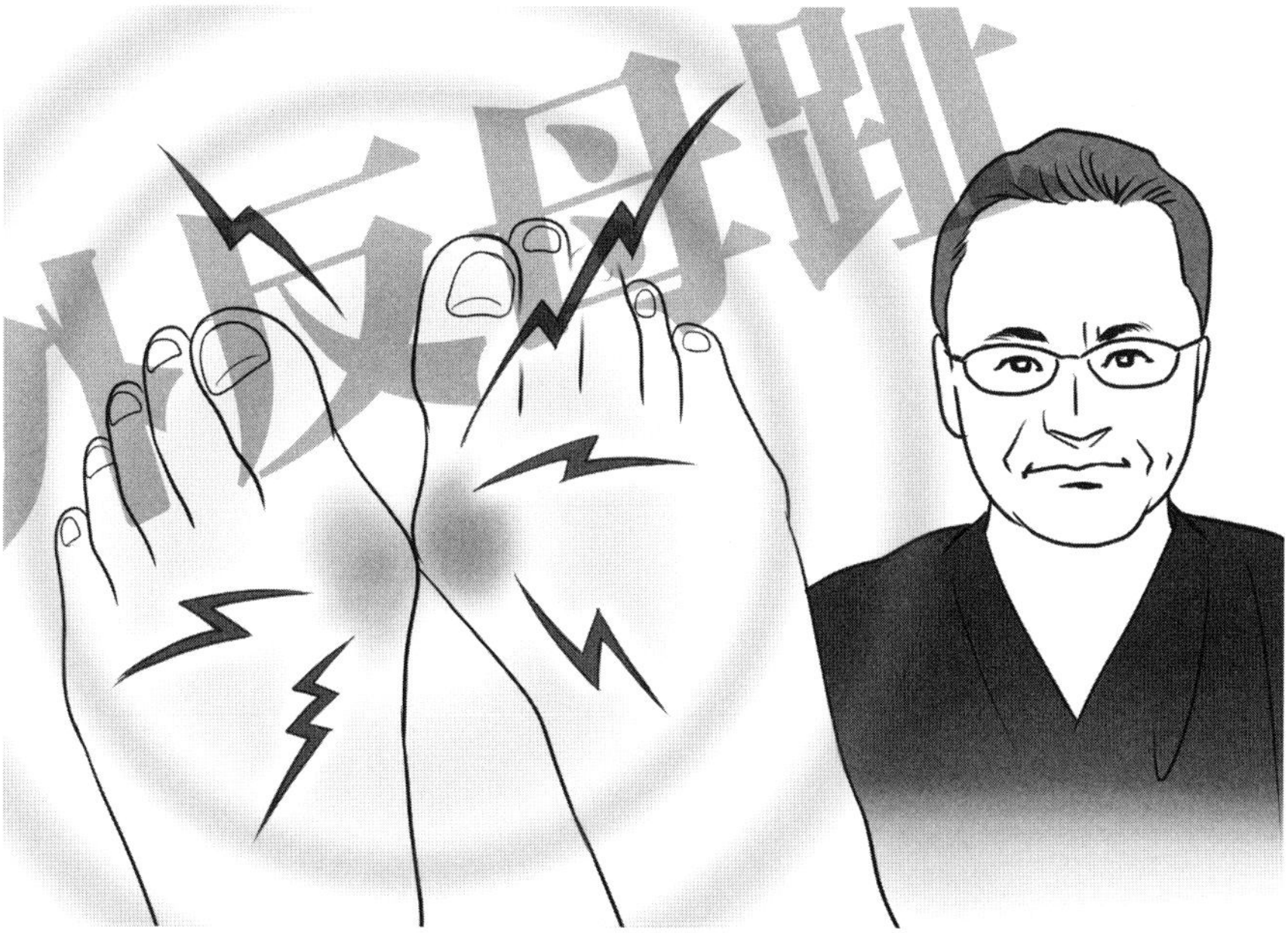

1章
2章
3章
4章
5章
6章
7章
8章
9章
第10章

3 みんなの森®整骨院 足利院（栃木県）

２００９年10月に、栃木県足利市に「おかだ整骨院」として開業、２０１９年5月に「みんなの森®整骨院 足利院」にリブランドされました。院長の岡田有一先生とは、開業準備以来、長年コンサルティングで関わらせていただいています。開業当初から、施術は院長がすべて担当していましたが、２０１４年から、2年間勤務したスタッフが独立して開業（後に紹介の「さきたま整骨院」）し繁盛院になり、今は受付補助スタッフが1～2名の体制です。

足利市人口16万人でイノシシや猿が出る田舎町の住宅街に立地し、施術法は触っている感じしかない骨盤調整の施術ということと、10月開業で冬場に向かっていたこともあったのか、開業月は1日平均患者数1ケタと厳しいスタートとなりました。

しかし、11月は平均患者数18人となり、徐々に患者数が増えはじめ、翌年3月からチラシを活用した販促を行なうことで一気に平均患者数が30名となりました。その後は順調に患者数を伸ばし、来院数は、1日平均40名台半ば～60名ほどで推移しました。お一人でこれだけの患者数を予約制ではなく、特に新患さんが来院する問診もわかりやすく丁寧にされるので、冬場の一時期を除くと、1時間以上の待ち時間になることはしょっちゅうでした。

また、患者さんのアンケートでは数多くの目覚ましい改善事例が寄せられていて、ホームページへの掲載許可があったもので１００件を優に超え、患者さんの声として掲載されています。

開業当初は保険中心でしたが、現在は、今世、前世の霊体・感情等の改善法を中心として、頭蓋調整、内臓調整、エネルギーなど患者一人ひとりの症状に応じて、さまざまな施術法を採用されていて、自費が中心となっています。

私自身、コンサルティングでおうかがい時に施術を受けていますが、元々すごかったですが、おうかがいのたびに施術技術が進化していて遠隔施術も触るなど、驚かされます。これからも、足利市で施術技術一番院としてご活躍されると思います。

みんなの森整骨院
足利院
P
あります
各種保険取扱・労災指定・交通事故
0284-64-8710
13台あり
みんなの森整骨院
みんなの森整骨院

4 くりのき鍼灸整骨院（埼玉県）

2010年10月開業の、埼玉県日高市にある「くりのき鍼灸整骨院」です。院長の嶋村正志先生とは、開業準備以来、長年コンサルティングで関わらせていただいています。

開業当初は、院長がすべての施術を行なっていましたが、2012年秋から施術スタッフを複数名採用し、受付補助スタッフが常時2名の体制です。施術内容は触っている感じしかない骨盤調整、鍼灸、各種電気治療が中心です。開業当初は保険中心でしたが、徐々に自費化を進めていき、現在は自費の割合が多くなっています。

開業時のチラシが当たったことと、看板からの反響がよいこと、そしてリピート率が高かったこともあり、開業当初から平均患者数が50名前後で推移し、2011年7月には、院長一人施術で平均患者数は60人を超えました。

この時期の平均単価は2000円程度（保険、自賠責の請求額と自費を含む一人当たり単価の平均。以下同じ）です。2012年は、患者数は前年並ながら、自費と自賠責に力を入れるようになり、この時期の平均単価が2500円程度になりました。

その後は患者数、平均単価とも上がっていき、直近の年間平均患者数75・4人、年間平均単価は3500円となっています。

また、栗をキャラクターにした「くりのきファミリー」でのブランドづくりを行なうのと同時に、一流ホテルやレストランの対応を目指したホスピタリティの高い接遇を追求されていて、地域一番院として、地域の方に広く知られる院となっています。

コンサルティング時に嶋村先生と目標を設定するのですが、これまでの長い間、ほとんどの月で決めた目標を達成されています。

施術技術勉強会の定期開催や、受付補助スタッフも含めたコミュニケーションを密に図られたり、常に新しいことにチャレンジされるなど、施術と経営のバランスがよく、行動のスピードが速く、プラス発想でモチベーションの高い方です。

くりのき

5 西田整骨院（鹿児島県）

２０１０年７月開業の、鹿児島市にある「西田整骨院」です。院長の池添一仁先生は、開業以来、施術スタッフを育成しながら、「保険中心」で経営されていました。それまでの施術法と保険中心に行き詰まりを感じるようになっていた中、「カラー治療」に出会うも、さまざまな症状が改善できる施術法ではあるものの、一人当たりの施術時間が20～30分取られ、地方都市で自費が取れるとは思えず、先行きが不安に。

２０１５年８月から弊社のコンサルティングを開始し、「カラー治療」を武器にして自費の導入をすることを決めました。「Ｏ-リングテスト」と「探索棒を使って、カラーテープを貼る」という、誰がどう見ても「不思議な施術」を、ＰＯＰや受付スタッフからの説明等で「わかりやすく理論的に表現」すること等に取り組んだ結果、自費が取れていき、売上げが上がりました。

これを期に、院長一人で施術を行なうことに切り替え、自由来院制から予約優先制に。そして自費料金のさらなる値上げを行なったことで、さらに業績が上がりました。

２０１９年５月には過去最高の売上記録を達成し、２０２０年はコロナ禍の中で、年間売上げが過去最高記録となりました。

施術技術のレベルアップへの情熱が高く、施術技術の高い先生がいらっしゃるお話をすると全国の治療院に学びに出かけられたり、さまざまな施術技術の勉強会に足を運ばれています。現在、自費治療はカラー治療を中心として、骨盤・脊椎矯正、ＡＫＡ療法、鍼灸、マッサージカイロプラクティック等を患者の症状に応じて行なわれています。

新患が多く、ホームページからの来院も多いのですが、紹介数も非常に多いのです。紹介数は施術技術力と対応のよさが数字で表われる指標となります。紹介の月平均来院数は、２０１８年が18・５人、２０１９年が21・６人、２０２０年が24・３人（年間２９２人）と年々伸びています。ご家族ぐるみで来院される方も多く、絶大な信頼を得られています。

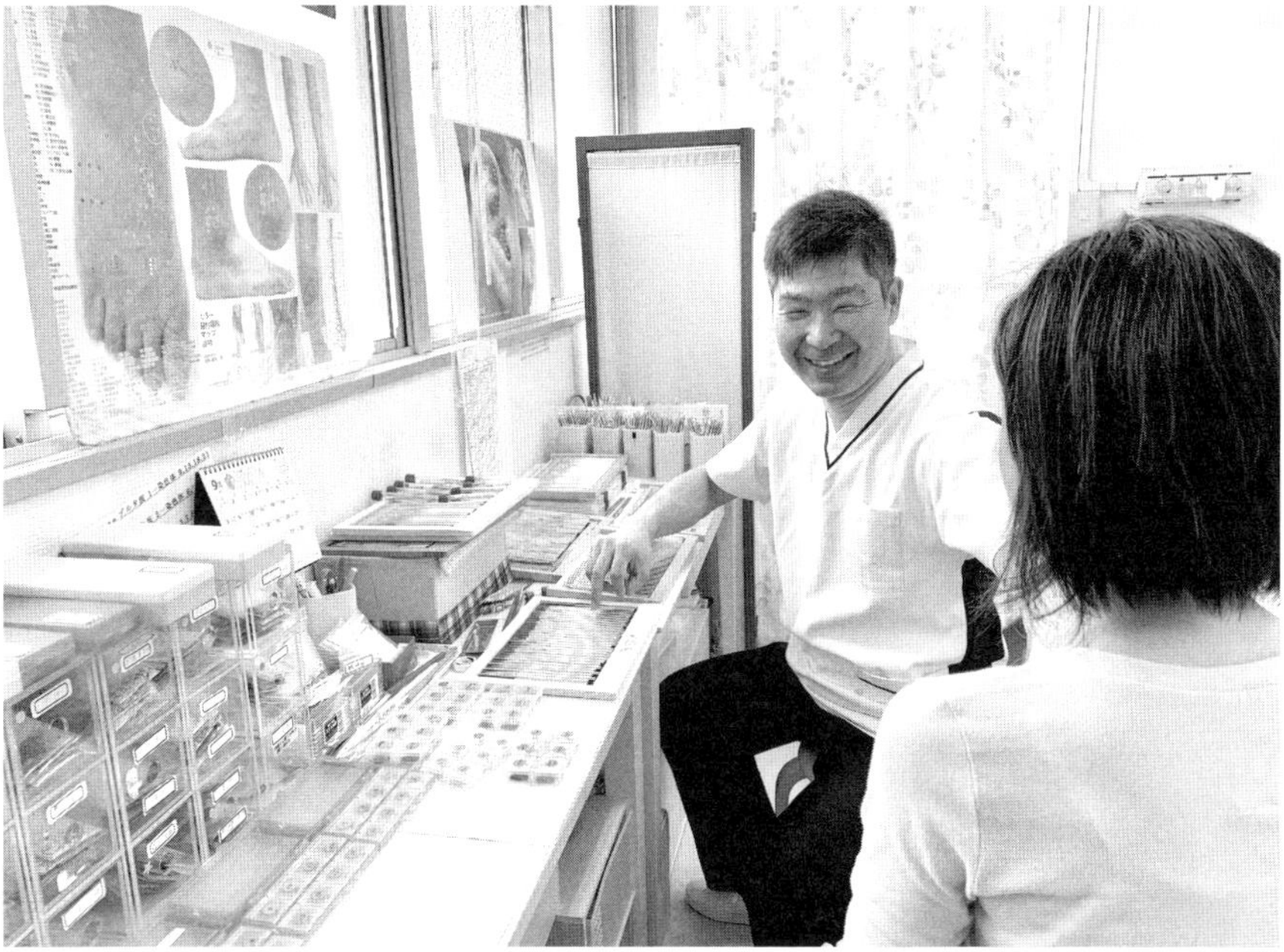

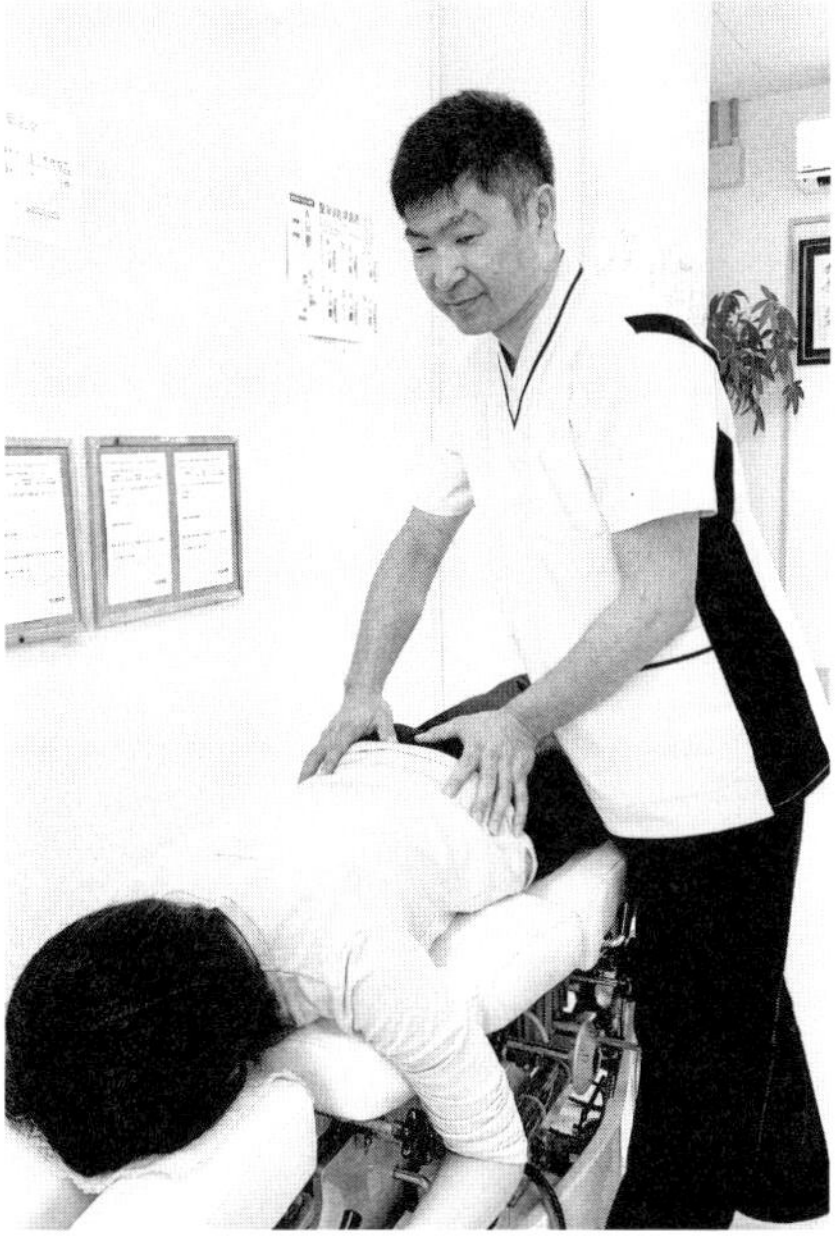

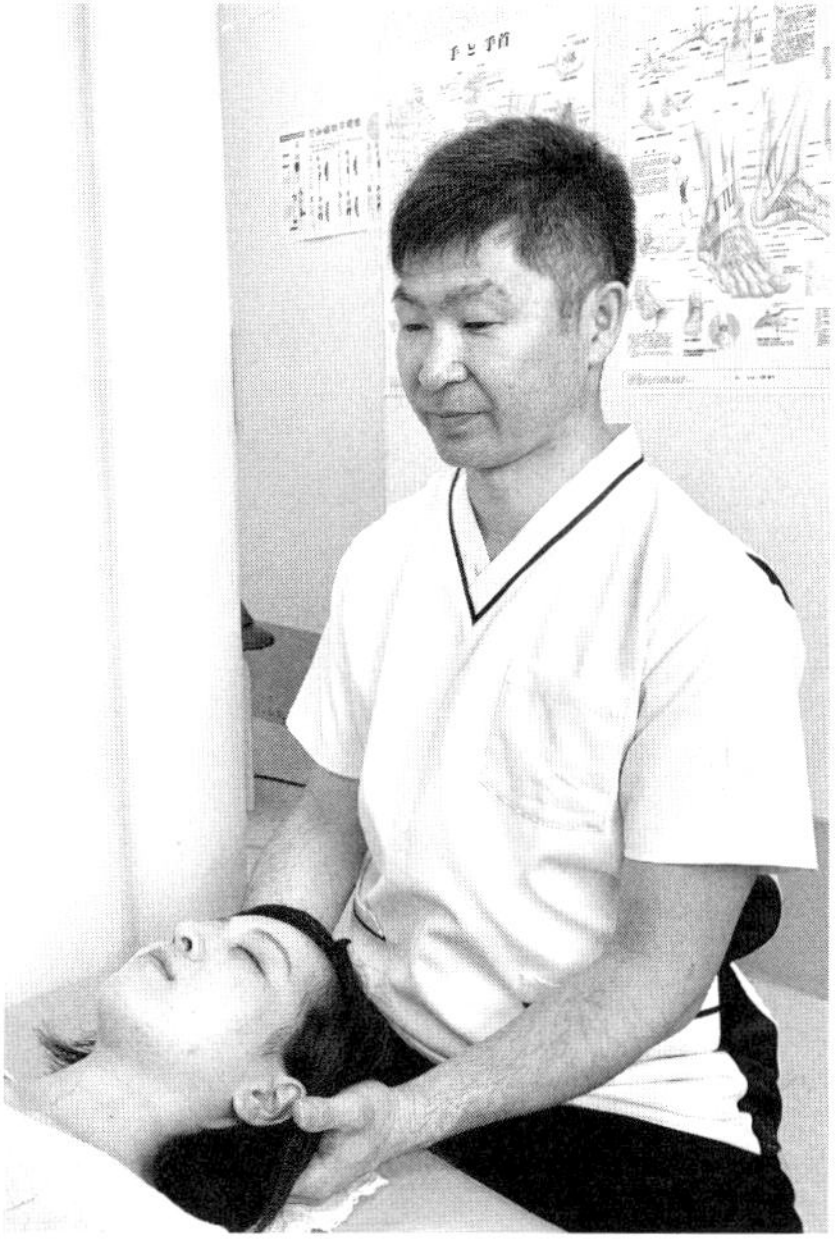

6 さきたま整骨院（埼玉県）

2016年6月末に開業。院長の新井雄二先生は、先ほど紹介した「みんなの森®整骨院 足利院」に勤務後、20代後半の若さで独立されました。院長一人で施術を担当し、受付はメインの奥様とパートのスタッフがいます。開業から弊社でコンサルティングさせていただき、プレオープンチラシ1万8500枚を新聞折込したところ、4日間で120名の来院。その後もこのチラシを見て来院される方が多く、最終的にチラシから200名ほどの来院。2016年7月にはいきなり黒字になりました。

開業前に、「いつか、月間売上げ300万円を出したい」と思われていた中、2017年9月に売上高315万円超の最高記録を出されました。院長自身がびっくりする売上げを毎月出すことができていた中、約1年で夢が達成できるとは思ってもいなかったとのことでした。

現在、ホームページや紹介を中心として毎月多くの新患来院があり、リピート率も高い状態が続いています。

また、2018年4月には脱毛、フェイシャルサロン「ヴィバリス」を院内奥に開業。ホームページ、チラシ、看板、ロゴマークも含めて、すべて弊社の女性社員により提案、制作させていただきました。女性が好む洗練されたデザインでブランドの統一を図っています。「ヴィバリス」は順調に顧客が増えています。成功している要因は五つあります。

一つ目は、経験歴の長いセラピストの契約率、技術力、ラポール形成力の高さ。二つ目は、洗練されたブランドイメージ。三つ目は脱毛大手サロンの競合が近隣にない。

四つ目は、なじみのある整骨院の中に併設していて安心ということで紹介が多い。五つ目は、常に新メニューを作ったり、販促企画を立案し集客に意識を向け続けている。と分析しています。

さらに、子供たちをサポートする施設として、2021年2月には児童発達支援・放課後等デイサービスをオープンされ、地域貢献事業を拡げられています。

[redacted]

シミ
小さな首イボ
そばかす
でお悩みの方へ
ヴィバリスのシミケアがオススメです!
シミに特殊な周波数と低温の刺激を与えることで垢として排出を促し、
徐々にシミを薄くしていく方法です。
乱れてしまったターンオーバーを促進し、正常に戻します。
従来の方法の様な強い痛みや火傷、施術後に絆創膏の
必要がない安心安全なお顔のシミケア方法です。
＼シミケアで安心・安全にシミをデトックス／
医療レーザーは怖いからやっていない
という方こそ、お試しください!
医療レーザーの場合
×「痛い」
×「お化粧が何日もできない」
×「紫外線に絶対当ててはいけない」
VS
当店の場合
安全性が高いのが特徴です!
○「痛くない」
○「お化粧がすぐできる」
○「紫外線に当てても大丈夫」
1ショット
約30秒程度
痛くないシミケア!
Before
After
施術後すぐにお化粧Ok!
シミデトックストリートメント
初回限定特別価格
通常価格
¥5,000(税別)
※シミデトックストリートメント施術内容
クレンジング→洗顔→生コラーゲンエッセンス→ソーマダイン→
パック→マッサージ→シミケア10箇所→鎮静パック→整肌
充実の100分
脱毛・フェイシャルのエステサロン
VIBALISS
ヴィバリス
【営業時間】9:00～20:00
不定休
休業日はお問合せください
LINEで簡単ご予約!
お問い合わせご予約はこちら
完全予約制
048-507-7184
秩父鉄道
行田市駅
125
カメラのキタムラさん
VIBALISS
カーブスさん
77
66
レストランえびなさん
JR行田駅
JR吹上駅

7 やまさわ鍼灸整骨院（兵庫県）

２０１２年４月開業の兵庫県川西市にある「やまさわ鍼灸整骨院」です。院長の山澤剛先生は、開業まで7年間、整形外科のリハ室で勤務して独立。その整形外科と現在も連携を図られています。開業当初から２０１５年前半までは、前職の整形外科の患者の口コミなどで集患等の対策はせずに来院があり、売上げがよかったのですが、急に来院が減り出し、売上げの低下も１、２ヶ月といったものでなく、２０１５年12月～２０１６年４月まで継続的に低下。ホームページに力を入れることを決意され、２０１６年11月から弊社にコンサルティングを依頼。

売上低下時に、なぜ患者数が減ったのかわからなかった中、「リピート率を上げる」という考えや、患者に紹介の声かけをしていないなど、すべてにおいて受け身の「待ちの経営」だったことに納得されました。弊社の提案を、そのまますべて、すぐに実行に移すことをコミットされて、問診票の変更、患者紹介カードの作成、各種ＰＯＰの作成、自費料金の刷新、自賠責の小冊子、ミニのぼり作成等々、弊社の提案を実際にすべてそのまま実践されました。受付スタッフの方の協力と素晴らしい対応力があるのも、現場にしっかりと落とし込むことができた要因の一つです。

その結果、すぐに売上げが大きく上がりました（「平均患者数」と「自費額」がダブルで上がったので、すごい売上増になりました）。２０１８年は、２０１６年と比較して、売上げは１・９倍に、自費額は２・26倍に伸びました。

施術は、開業以来２０１８年11月まで院長一人でされていましたが、２０１８年12月から施術スタッフが入り、ベッドを４台→６台に増台。さらなる伸びを記録しました。そして、開業以来の念願だった分院を２０２０年1月に開業。コロナ禍の中でも予約で埋まる繁盛院となっています。

「患者、スタッフ、スタッフの家族、みんながハッピーになれる」経営をしていきたいという思いの中、成長を続けています。

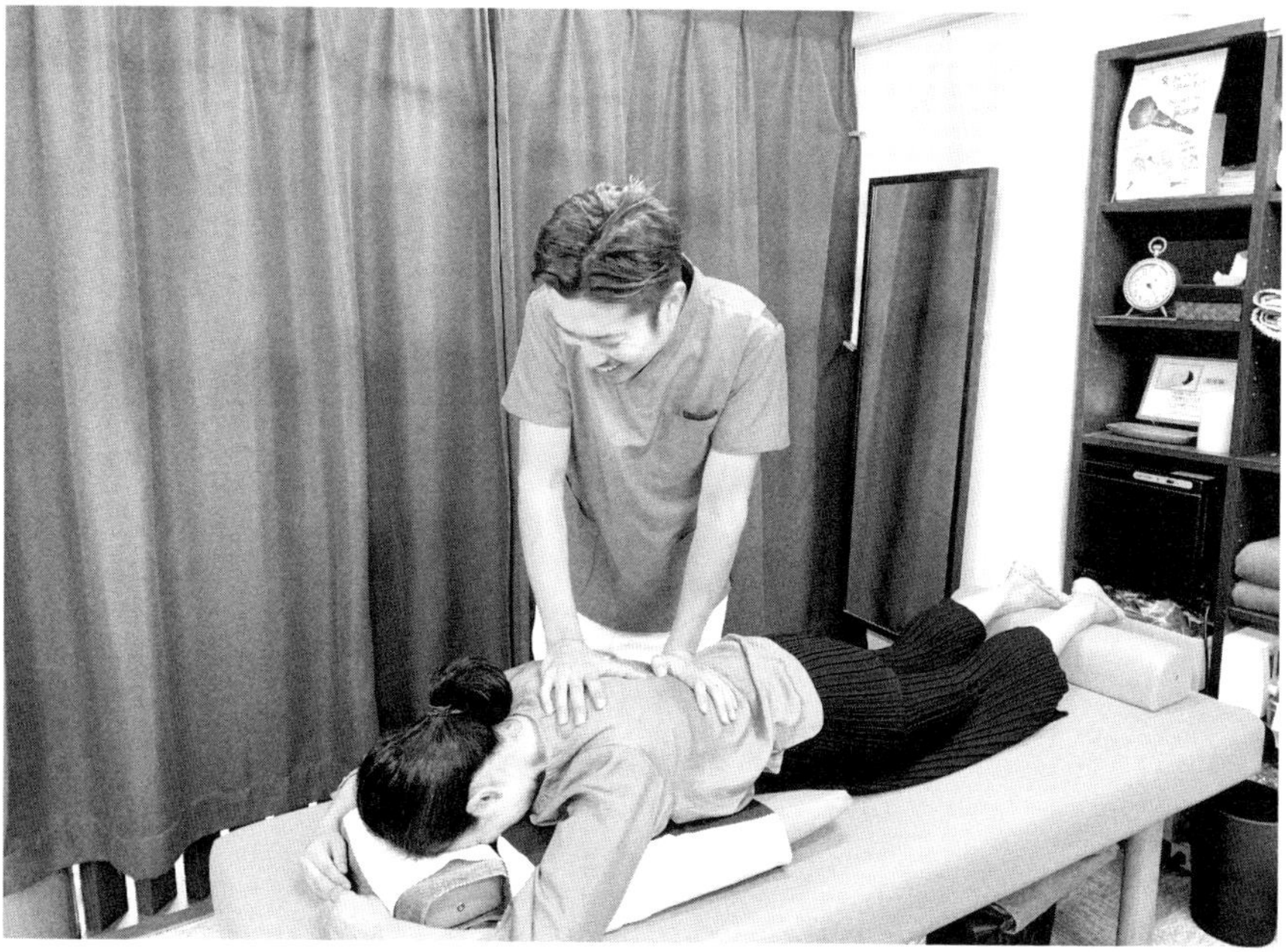

8 みんなの森®整骨院 北柏駅前院（千葉県）

２０１８年11月に開業。みんなの森®整骨院の１号院です。看板・ホームページ・チラシ・診察券・紹介カードなど、すべてをキャラクターデザインで統一した新規開業でのコンサルティングをさせていただきました。

院長の大杉修示先生は、開業以来、完全一人運営院で、施術も受付も電話対応すべて院長自身でされていて、開業２年後の２０２０年10月に受付スタッフを雇われました。

ベッド２台の狭い院で駅前ではあるもののメインの裏側駅前で、駐車場もやや歩く場所にあるなど、地方立地としてはよいほうではないという判断の中でのスタートでした。

プレオープンのチラシの結果について。この年は寒さが早く、患者来院数が確保できるか不安だったとのことでしたが、結果は、４日間のプレオープンで71名の来院があり、プレオープン期間の４日間、患者が途切れることはなく来院して、夜も営業時間を延長しなければさばき切れないほどの盛況でした。

オープンした後もチラシを見ての来院があり、最終的に11月中の新患は93名となり、11月の営業日は18日しかなかった中、１１２万円の売上げとなりました。

その後も売上げは、２月は１４５万円、５月は１９０万円と順調に伸び続け、開業７か月後の２０１９年６月には２１６万円となり、当面の目標の月売上２００万円を早々に達成されました。

コロナ禍の現在も新患数も多く、リピート率も高い状態が続き、好業績をキープし続けています。多くの方は、受付もいない男性お一人の運営だと、特に女性のリピート率が低くなるのですが、検査、問診、説明、施術、そして接遇を通して、患者とのラポール形成を強くされていらっしゃるからできることです。

「みんなの森®」グループのミッション「日本の健康寿命を延ばすお手伝い」に共感いただいていて、地域の健康に貢献いただいていることをたいへんうれしく思っています。

みんなの森整骨院
北柏駅前院
04-7138-6909
みんなの森
整骨院
北柏駅前院
各種保険取
11月4日
オープン
平日夜9時まで

9 やまかわ整骨院（東京都）

2014年4月開業の、東京都武蔵村山市にある「やまかわ整骨院」です。院長の山川睦先生が施術を行ない、奥様と受付スタッフの体制です。施術法は、筋膜リリースと骨格矯正をメインとして、症状の改善だけでなく、「正しい姿勢」「再発や痛みの出にくい身体づくり」を目的とした施術を行なわれています。自宅でできるストレッチや運動を指導し、患者と一緒に治していくことをモットーとされています。

スポーツ（特に野球）をがんばる子供たちのサポートに力を入れていて、チームを訪問するなど、子供たちの身体を守る活動を実施されています。子供たちへの施術では、親御さんに対して、症状や施術法の説明を丁寧に行ない、子供一人ひとりの将来を最優先した提案をされています。また、スポーツ障害を得意としている整形外科との関係を構築し、必要に応じて、子供・親御さん・医師を含めて、相談しながら最善の方法を考えられています。

保険中心で、ホームページがない状態で、自費化とホームページ制作の必要性を感じられ、2018年2月より、弊社の「整骨院オンライン個別コンサルティング」を開始。外観（カッティングシート）、ホームページ、診察券などのデザインを女性に好まれるデザインに統一し、技術力の高い整骨院としてブランディングを図りました。新患が増え、ソフトで優しい人柄と、高いコミュニケーション能力、高い技術力で信頼を得られ、自費を大きく伸ばされています。

また、子供へのサポートが他の子供たちや親御さんからの信頼を得て、さらに他チームに口コミが伝わり、家族ぐるみの来院も多いなど紹介が増えていて、予約が取りにくい整骨院に成長しています。

山川先生は、勉強熱心で、新しい高度な技術を取り入れており、症状の改善に全力で取り組まれています。今後、女性向けの身体の中から美しくするサポートメニューの導入、そして治療スタッフを採用し、分院展開を視野にこれからも成長を図っていかれます。

やまかわ整骨院
当院は痛みの出にくい
体づくりを目指しています！
腰
肩
むちうち
どこに行っても良くならなかった
「痛み」「コリ」を解決！
スポーツ外傷
ひざ
やまかわ整骨院
042-565-1202

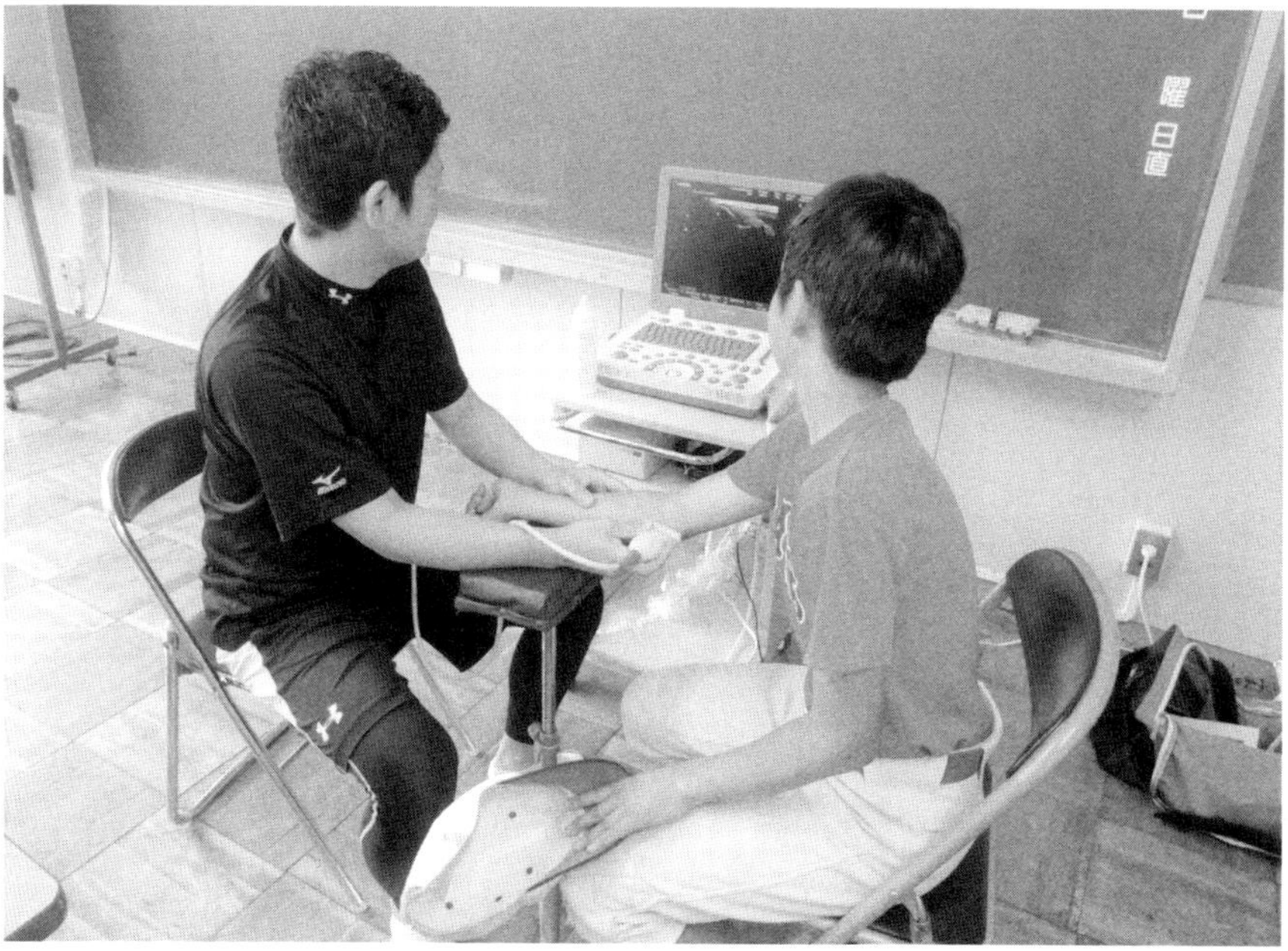

10 プレミア整骨院グループ（大阪府・奈良県）

2002年に宮崎順也氏が創業した、東大阪市「みやざき鍼灸整骨院」、生駒市「生駒駅前整骨院」、香芝市「香芝中央鍼灸整骨院」、奈良市「ファインストレッチ整骨院」による「プレミア整骨院グループ」を展開中です。

そして、別会社にてリラクゼーションサロン「MUU」として、20店舗以上のフランチャイズ本部を経営されています。

施術内容としては、保険は独自の柔道整復の施術法と鍼灸を行ない、自費はAKAを基本とした施術を行なっています。2008年から長年コンサルティングで関わらせていただいていますが、宮崎代表のお人柄と魅力によって、独立以外で施術スタッフが辞めたことをほぼ見たことがありません。

独立をせずに、グループに在籍し続けることを決めているスタッフが多く、最近では院長1名＋受付補助女性スタッフのスタイルの分院展開となっています。地域の状況やスタッフの技量に合わせた分院展開を行なわれています。分院長会議を毎月開催されていて、会議は毎回深夜まで続きます。施術技術だけでなく接遇等も含め、患者さんに最大限満足してもらうにはどのような努力をすべきかといった、現状の改善について具体的な議論を交わしています。特に接遇は、全国の治療院の中で比較しても引けを取らない、元気で愛情のある優れた対応になっています。

代表の宮崎氏は、創業以来2011年まで本院にて中心的に施術をされていましたが、交通事故に遭われて一時現場に出られなくなったことをきっかけにして、現在は経営に専念なさっています。

これによって、リラクゼーションサロン「MUU」の経営やフランチャイズ本部の立ち上げが実現しました。今後も整骨院では症状を改善する施術を、リラクゼーションサロンでは究極の癒しを、という健康産業の2事業の展開を進めていかれます。

[redacted]

ちょっと贅沢な癒しの空間
MUU

3章

新患を爆発的に呼び込む インターネット（HP・SNS）活用の方法

1 口コミ、紹介だけに頼った経営、三つの限界とは？

口コミ、紹介は既存患者からの高い評価から生み出されるもので、ローコストで新患が獲得できるため、最も重視すべきものです。しかし、口コミ、紹介だけに頼った経営には限界があります。その理由としては、

1．核家族化が進行し、地域の中での口コミ、紹介が発生しにくくなっている

昔は、地域のコミュニティーが根付いていて、ご近所さんとの接点があったものですが、今やとくに都心部などの賃貸マンション等では、隣の住人の名前さえ知らないといったことが現状です。つまり、近所付き合いが薄くなっているわけで、知り合いが近くに住んでおらず、紹介しようにも、治療院から離れた人が紹介の候補に挙がる可能性が低く、口コミ、紹介につながらないケースが多くなっているのが現状です。

2．紹介する人・紹介しない人は決まっている

みなさんも、「Aさんは、何人でも紹介してくれるなぁ。でも、BさんやCさんからは、いただき物等はいつもいただくけれど、長年来院されているのに一人も紹介してくれない。なぜだろう？」と思われたことはありませんか？　実は、紹介する人は、何も言わないのに勝手に何人も紹介してくれるし、紹介しない人はいくら紹介を頼んでも紹介しません。つまり、紹介だけに頼った場合、患者の中でも限られた「紹介する人」に頼った経営をしていることになるのです。

3．口コミ、紹介だけでは患者の認知度を広げるスピードが遅くなる

今や、インターネットからの来院は新患獲得にとって必要不可欠となっています。実際、新患の半分以上がインターネットからの来院というコンサルティング先が多いのです。また、インターネットやチラシ等を活用することで、新たな「紹介する人」を得ることが可能となります。この3章では、インターネットを活用した新患獲得方法についてお伝えしていきます。

口コミ 紹介の
限界

2 インターネットについて知っておくべきこと

インターネットの世界は、常に急速に変化しています。私が大学4年生の時にWindows95が発売されて「これからITの時代になる」と思い、1996年にIT会社へ新社会人として入社して、3年間SEとして働いていました。国家資格の基本情報技術者（当時は第二種情報処理技術者）も取得しましたが、この時に、ITの基礎を学ぶことができました。それ以来、インターネットとパソコンの活用がビジネスを決定づけると確信していましたが、まさに今やインターネットの活用なしの経営はあり得ない時代となっています。

治療院業界でも、今やホームページを開設せずに繁盛できる院は少数派になりました。私がブログを始めた2004年に、ブログをやっている人などほとんどいないし、ホームページを持つ院もごくまれでした。しかし今や、看板、チラシ、口コミ・紹介でもホームページで詳細を確認して来院するというパターンが一般的になっています。とくに、スマートフォンが普及してからは、スマートフォンからのアクセスがメインになっています。

治療院のホームページ制作を専門とする会社も数多くあります。インターネット上では、ホームページ、ブログ、Googleマップ（Googleマイビジネス）、Twitter、Facebook、Instagram、エキテン等の治療院紹介サイト等、さまざまな自院をアピールする媒体が出現し、多様化してきているし、これからもどんどん進歩していくことでしょう。

これらのメリットとデメリットを把握し、それぞれの特性を生かしつつ、活用できるかどうかが最大のポイントですが、日々進歩しているインターネットの世界の全体を理解するのは、どうしても難しいこともたしかです。

しかし、コンサルティング先様の中で、活用しだいではインターネットから月間50人以上が来院する院もあるほどの威力があります。とくに、新規開業でインターネット集患に手をつけずにスタートしたら新患獲得は非常に苦戦するので、必ずインターネット対策を行ないましょう。

[redacted]

足利市の整体「みんなの森。整骨院 足利院」病院で良くならない痛み・しびれ・コリの解決、交通事故・むち打ち症状治療に自信があります！
みんなの森。整骨院 足利院
東武伊勢崎線足利市駅より車で3分（駐車場完備）
〒326-0824
栃木県足利市八幡町1-21-6-1F-3
ご予約・お問い合わせはこちらから
予約優先制 0284-64-8710
ホーム Home
治療に対する考え方 About
交通事故 むち打ち治療 Accident
スタッフプロフィール Profile
治療料金 Fee
Q&A 治療の流れ Flow
患者様の声 Voice
診療時間 アクセス Access
軽い症状から、重い症状まで
長年の経験を生かした
根本改善
ヒーリング的な施術であなたの身体を軽くさせていただきます
ふくろうの看板が目印！
安心の全国グループ
駐車場完備
予約優先制
みんなの森。整骨院 足利院について
当院は、開業１０年を迎えることを機に「おかだ整骨院」から
全国グループチェーンの「みんなの森。整骨院 足利院」に生まれ変わりました。
みんなの森。グループは、患者さんとの絆を育てつつ地域に根差した独立自営の治療家集団です。ですので、当グループは回数券や会員制加入の強制は一切行いません。
定期的な集合勉強会の参加や、全国の治療家の皆さんとの交流を通して、最新情報を得ながら「日本の健康寿命を延ばすお手伝い」を行って参ります。
地域の皆さまに「心も体も元気な本来の健康」を維持いただくこと。この健康寿命を延ばす役割は整骨院が担うべきだと考えています。
みんなの森。グループの一員になることによって、これまで以上に地域の皆さまの健康に貢献できる様に努力精進して参ります。
当院では、軽い症状でも気軽にお越しいただける整骨院を目指しています！
ちょっと腰がつらい
ちょっと肩が凝っている
首が少し回りづらい
背中が重い
たまに足がシビレることがある
疲れがたまっていてダルい
緑あふれる癒しの空間の中で、国家資格者があなたの身体を軽くさせていただきます。
施術技術は長年の経験を生かしたヒーリング的な根本改善施術です。
「その場限りの気持ちよさ」も悪くはないですが「根本改善」でその場だけでなく、次の日の朝に起きた時、体が軽くなる経験をしていただきたいという思いで施術をさせていただいております。
「こんな軽い症状だと失礼ではないかなぁ」とか一切思われなくても大丈夫です。
もし、当院のファンになってくださったら「痛くなくても症状がなくても私達の顔を見に来院いただく」のが当院の理想です。
日常生活や仕事でストレスがない方はいらっしゃいません。
小さいストレスの時からちょっとずつストレスを取り除かせていただき、心身ともに元気で健康な生活を送り続けていただく方が足利周辺に増えて行くことが当院の望みです。
当院では、重い症状を得意として長年やって参りました！
症状がきつく仕事がままならない
日常生活が困難
といった、なかなか良くならない「身体の症状でお悩みの方」方、長年そういう難しい患者さんを改善し続けて来ましたので得意です！
エキテン 口コミランキング 第1位
栃木県足利市×整骨院・接骨院
2018年 年間
twitter・大事なお知らせ
@okadaseikotsuさんのツイート
みんなの森®整骨院 足利院(旧おかだ整骨
@okadaseikotsu
アメブロを更新しました。『第１０５回 足利の花火大会』 ameblo.jp/okada-s/entry-…
埋め込む
Twitterで表示
当院は認定されています！
むち打ち症は早期治療が重要です！
ひとりで悩まず、
まずは的確な情報を
一般社団法人 交通事故医療情報協会
当院は足利市で唯一「交通事故医療情報協会」に認定されています。交通事故後の痛みや悩みは当院へご相談ください。 詳細はこちらから
メニュー
トップページ
治療に対する考え方
交通事故・むち打ち治療
スタッフプロフィール
治療料金
Q＆A・治療の流れ
どこが痛い？
首の痛み

3 インターネットにおける商圏設定とは？

「せっかくインターネットで公開しているのだし、近隣の患者さんに対してよりも、もっと遠くからお金をかけてでも来院する患者を増やしたい」――こういった要望が、コンサルティング先からもよくあります。その気持ちはとてもよく理解できます。たしかに、遠くから来院されるとうれしいものです。しかし、この考え方は非効率な戦略と言えます。患者数を増やすことが目的ではなく、遠くから来院してもらうことで自己満足することが目的なら別ですが…。

インターネットで集める患者は、あくまで近隣地域の患者です。数多くの治療院で統計を取ってきましたが、インターネットからの来院のほとんどは近隣地域からになっています（ここで言う近隣地域とは、おおむね自院のある市区町村を指す）。院長の要望に応えて、近接地域（自院の隣にある市区町村）への強化をしたこともありますが、たしかに近接地域からの来院は増えるものの、費用対効果以上の成果は上がりません。それに加えて、費用をかけて来院してもらったにもかかわらず、遠くから来院する患者は定期的な来院が難しい場合が多く、患者にとっても院にとっても、納得できる治療がしづらいのです。

ここまで書けば、近隣をターゲットとすることが効率的だと感じてもらえることと思いますが、このことは、私が学んだ数理マーケティング理論においても実証済みです。

インターネットは、チラシ等よりも効率よく、近隣の患者を集客できます。新聞折込なら、新聞購読者がターゲットですが、最近は新聞を購読しない世帯も増えているし、ポスティングなら基本的に住居が対象となるので、院の近隣地域で仕事をしているが、自宅は別地域の方には告知できません。

しかし、同一市区町村内であれば、広範囲からの来院を確認しているので、インターネットの力はすごいものがあると実感しています。ぜひ、インターネットは近隣地域の集患に絞ることを基本戦略とされることをお勧めします。

Inter
Net

4

集患できるホームページ制作のポイント

ホームページを制作する上で、最も重要なのがコンテンツ（掲載内容）です。ホームページは基本的に制作会社に作ってもらうものではありますが、コンテンツは、院長自身が独自の内容を考える必要があります。ホームページ会社から掲載項目の提示（ヒアリングシート）があればそれに基づいて、そうでない場合はさまざまな治療院等のページを参考にしてコンテンツを作成することになります。

まず、ページとして構成したい掲載項目を絞りましょう。項目例としては、施術に対する考え方、院長・スタッフのプロフィール、施術の流れ、Q&A、後にも触れる新着情報、施術料金、営業時間・アクセス、（整骨院なら）交通事故、自賠責などといったものです。また、プライバシーポリシーやサイトマップのページも作成します。患者の声や動画の掲載があると、さらに充実したページとなります。

特に重視したいのが、「施術に対する考え方」と「院長プロフィール」です。必ずワード等の文章作成ソフトで、時間をかけて書いてみてください。コンサルティングではすべて弊社にて院長にヒアリングした上で代行して文章を作成しますが、一番時間を割いて考えている内容になります。

またホームページは、完璧なものを最初から出すのではなく、8割程度納得ができたら、まずは公開してみることです。たとえば、昔の失敗談として「患者の声」が数件しか集まらず、ホームページの公開が数ヵ月も遅れるということがありました。「患者の声」を掲載するほうがホームページの価値が上がるのは間違いないのですが、「患者の声」は公開してから追加してもよかったのです。「患者の声」は、いただきしだい、新着情報に入れていって、ある程度集まったら「患者の声」ページを追加してもよいでしょう。

これは一例ですが、多忙な治療院経営と並行して資料を集めたり文章を作成するのは、なかなかたいへんなことです。まずは公開してみて、ホームページからの来院があってからわかることが多いものです。

以下のようなサイトマップを作り、ホームページの目的に沿った内容を盛り込みます。

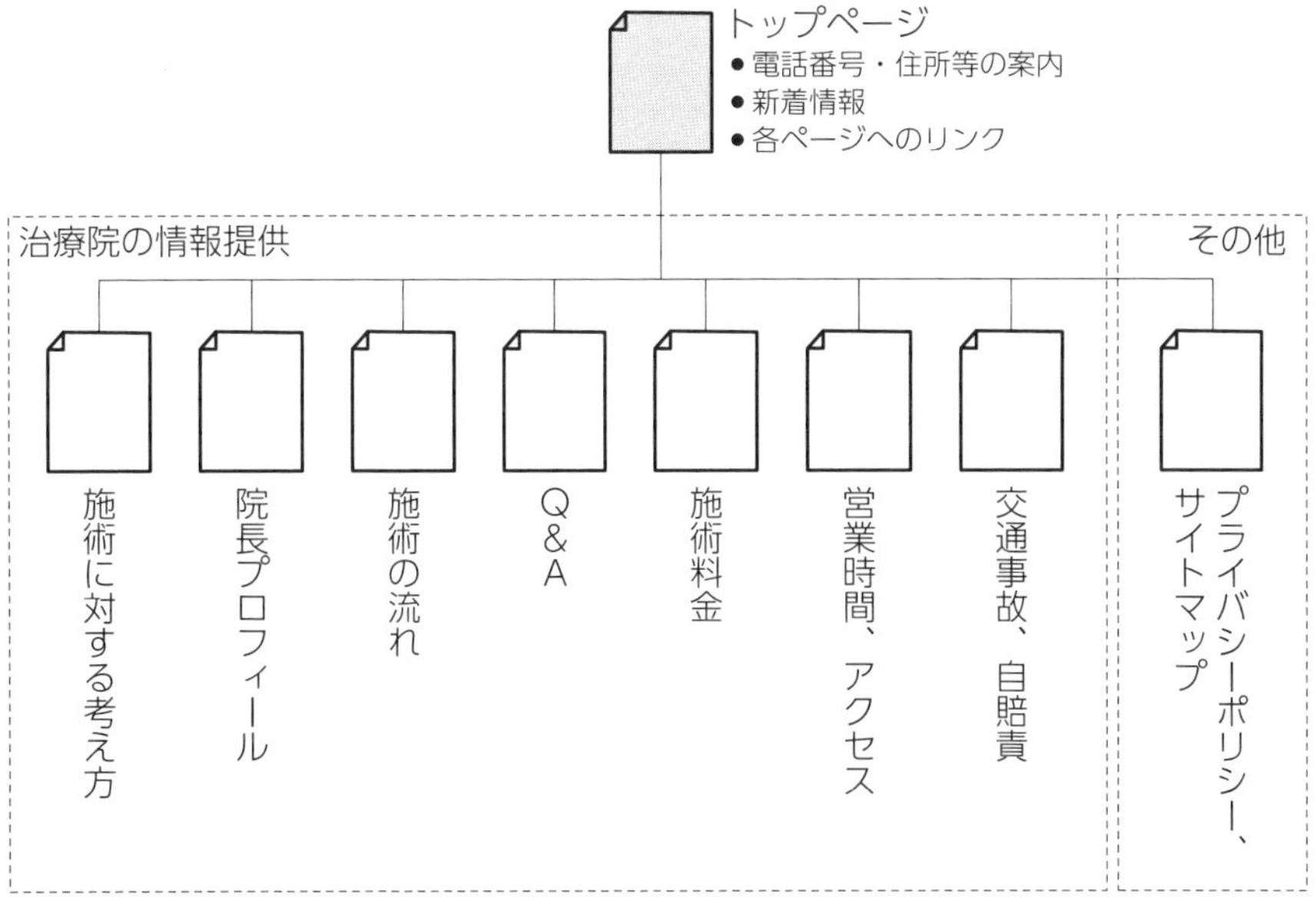

5 ホームページ制作会社の選び方のポイント

最近は、専門知識がなくても安く、さらにはホームページを無料にて自分で作れるサービスを利用する方も多くなっています。コストがかからずにすむのが最大のメリットです。整骨院で、保険中心で運営し続ける予定でしたら、それでもよいかもしれません。しかし、たとえば自費で5000円、10000円をいただく施術を提供する予定がある場合、チープなホームページで自費患者が来院する確率が高いか、を患者の立場に立って考えてみるとよいと思います。

みなさんが、施術の専門家であるのと同様に、ホームページ制作は専門家に任せるのが得策です。

できれば、治療院のことをよくわかっているホームページ制作会社を選ばれることをお勧めします。治療院のホームページは、専門知識が必要な場合もあるし、治療院として掲載すべき内容についてのアドバイスもしてくれることもあります。

また、弊社ではこれまで数多くのホームページ制作に携わりました。手前味噌ですが、弊社の長谷川はデザインのプロで、コンセプトからデザインに落とし込むのに相当な時間と手間をかけてデザインしています。また、治療院専門ホームページ作成会社なら、ひな形から選べることが多いので、それでもよいでしょう。どうしても、デザインを独自のものにしたい場合は、参考にしたいサイトをいくつか選んでおくとよいでしょう。

3年以上の長期契約の縛りのある制作会社や、ホームページの内容修正・変更は自力で簡単に更新できると勧める会社は慎重に検討してください。ホームページは作成した時点がスタートで、そこから育てていくべきものだし、インターネットは急速に変化しています。できれば、随時修正が依頼でき、情報の提供もしてくれる関係が作れそうな制作業者を探してみてください。

最後に、制作費用の目安ですが、初期費用は35万円〜50万円。ドメイン・サーバー料は月額1万円までで治療院のホームページの制作と運用はできると思います。また、更新時の料金（1ページ全面修正で1万円程度が目安）を確認しておいてください。

治療院の
ホームページな
信あります
おまかせくだ
ホームページ制作の専門家です
専門知識
アドバイス
実績
ひな形
随時修正
情報提供
料金表

6 ドメイン・サーバーの基本とホームページ更新の目安

ドメイン・サーバーの基本…ホームページを設置するに当たって必要なのは、ドメインとサーバーです。ドメインとは「住所名」です。「https://minna-mori.com/」といった名前自体を指します。この名前自体を保持（役所が書類上で住所登記するのと似ている）するのに、費用が発生します。そして、サーバーとは「https://minna-mori.com/のデータが実際にある場所」です。ホームページのデータがサーバー管理会社内のハードディスクの中に保存されていて、それがネット上で公開されているのですが、そのサーバー管理会社への賃貸料（大家さんへの家賃支払いと似ている）と考えるとよいでしょう。これらの費用を、ホームページ会社が管理（不動産仲介会社に似ている）しているので費用が発生するのです。

ホームページ更新の目安…ホームページは、チラシ等の紙媒体と違って情報を随時変更することが可能だし、紙媒体はスペースの制限がありますが、ホームページは、理論上では無限に情報を載せることができます。このメリットを最大限に活用したいものです。またホームページの更新は定期的に行なうことをお勧めします。トップページに新着情報のコーナーを設置して、そこだけは自力で更新できる機能があるといいし、ブログやTwitter、Facebook等を投稿すると、自動的に更新されるように設定するのもよいでしょう。

ホームページを見て、新着情報が2ヵ月前だと、「この院は大丈夫かな??」と思うし、来院を見送ることも多いようです。毎日3回更新しているコンサルティング先もあります。そこまでは難しいとしても、少なくとも1ヶ月に1度は新着情報だけでも更新しましょう。

また、「患者の声」を随時追加したり、スタッフが変わればスタッフ紹介を変更することも必要です。

ホームページから伝わってくる思いを、見る人（患者）は感じているものです。実際、ホームページに手間をかけている院は、ホームページからの来院も多いのが統計上も明らかです。

新着情報
Blog
定期更
nstagram
スタッフ紹
Facebook
お客様の声
Twitter

7 SEO対策のポイントとは?

SEO対策とは、インターネット検索において、上位表示したいキーワードでホームページを上位に表示させるための対策を言います。2021年現在、Yahoo!Japanの検索エンジンはGoogleの検索エンジンをそのまま採用しているので、どちらもおおむね、同じ検索結果となります。つまり、Googleの判断基準によって順位が決まっています。

そのしくみとしては、ホームページを評価するための「ロボット」が定期的に世界中にあるホームページを見て回っています。そして、このページが何を伝えたいページかをAIが瞬時に判定して順位づけをしています。たとえば、「大阪市　治療院」のキーワードで検索すると、「大阪市　治療院」に関連が深いホームページを評価した全ホームページリストから、一瞬で並べ替えて、検索結果として表示されます。よくよく考えてみると、とてつもない高度な機能ですね。当然、競合の多いキーワードは、それぞれが上位にしようと対策しているので、それ以上の対策を施さなければ、上位にはランクされません。

また、Googleは公式に、ホームページの内容が「オリジナルな内容であること」「情報を豊富にすること」「テーマを示す関連性の高いキーワードを適切に含めること」、そして「アクセス数」等を総合的に勘案し、順位づけしていると伝えています。また、各ページの「title」とメタタグ内の「descriptions」にキーワードを含めた文章を適切に記述することも重要としています。つまり、他のサイトと同じ内容があったり、ページが誰向けなのかが明確でないと、評価が下がることになります。

以前はある意味、「テクニック」で上位表示することができた時代もありましたが、上位に表示されるホームページは、要するに「患者に対してオリジナルな内容をマジメに情報提供されているページ」ということです。ただ、Googleが定期的に順位評価基準変更を行なうことによる大幅な順位変動が起き、「これをやれば大丈夫」というSEO対策は難しい時代になっています。

※黒い枠線の部分が検索エンジンによる表示枠です。

8 PPC広告の活用は有効か？

PPC広告とは、ペイパークリック（Pay Per Click）広告と言って、クリックされた回数に応じて課金される広告システムのことを指します。2021年現在、GoogleとYahoo! Japanが同サービスを行なっていますが、Yahoo! Japanは治療院ホームページに対して厳しい掲載基準を設けているので、掲載のハードルが非常に高い状態になっています。

新規開業時といった、ホームページ公開直後は検索サイトで上位を狙うことがほぼ不可能なので、PPC広告を活用する必要があると考えています。

PPC広告の最大のメリットは、広告が表示されただけでは課金されず、文字通りクリックされて、初めて課金される点です。

しかも、自分が設定したキーワードが検索された時だけのみ広告が表示されるし、広告を表示させるオプションも数多く用意されています。ポイントは、検索する人が自分自身の意思を持って入力して検索をしていることです。「大阪市　腰痛」と仮に検索したとしたら、この人は「大阪市で腰痛施術を受けたい」とほぼ思っていると言えるでしょう。その時に、検索結果の上部、あるいは右側と下部におおむね表示されるPPC広告が表示され、それがクリックされるとホームページの内容しだいでは即来院につながる確率が高くなります。この点がPPC広告の強さです。

一方、デメリットとしては、かなりの知識が必要で管理方法がわかりづらい上に、管理機能が頻繁に更新されていてパソコンが苦手な方にはもちろん、苦手ではない方でも、マーケティング知識が必要なので設定が難しく、「Googleサポートにアドバイスを受けながらトライしてみたけれど無理です」と弊社にご依頼される方が多いのです。

また、PPC広告は入札方式となっていて「大阪市　整体」で上位に表示したい治療院が複数あれば、1クリックの単価が高くなっていくといったしくみです。最先端のAIが駆使されていて、怖くなるほどの設定があって驚かされます。

※黒い枠線の部分がPPC広告枠です。

9

インターネットの世界の急速な変化に対応するには

今やスマートフォンが主流になり、「インターネットを持ち運ぶ」時代になりました。通信速度が急速に速くなり、動画の再生ですら、どこでもできます。私が大学生だった頃に、デスクトップPCでDOSプロンプトにコマンドを打ち、フロッピーディスクを使っていたということさえ、今の20代の方には、単語の意味すらわからないでしょう…。

特に、この数年は発展がすさまじく、これからもさらに大きく発展していきます。私はインターネット上のマーケティングに力を入れてきたほうだと思っていますが、数年前に提案していた手法が、まったく通用しないことはザラにあります。インターネット広告専門会社を経営している私の経営者仲間からの話では、特にSNSのマーケティングでは、「半年前のノウハウが使えなくなる。変化が激しすぎてついていけないかも」と嘆いていました。このような最先端についていく必要はありませんが、それほどのスピードで変化しているのです。

急速な変化に適切に対応をすることでしかより結果を出すことはできないので、インターネットに明るいブレーンの方々とも協力しながら、弊社も情報収集と実践を進め続けています。

ブログ、Twitter、Facebook、Instagram、Googleマイビジネスは基本的に無料で登録・運用できるので費用的な問題はありませんが、PPC広告は必ず費用が発生するし、キーワードしだいでは高額になることもあります。弊社でも、これらすべての媒体で情報発信を行なっています。私も含め、弊社メンバーが常に触れていなければ、仕様変更があった場合でも、的確なアドバイスができなくなってしまいます。

弊社で今、活用をお伝えしている必須媒体は、ホームページ、PPC広告、Googleマイビジネス、エキテン、SNS（Twitter、Facebook、Instagramの最低いずれか一つ）です。これらをすべて設定するのはかなり大変ですが、必要不可欠だと考えています。

インターネットの急速な発展進化
230
MO

10 統計でわかったインターネットで患者が確認したい情報とは？

弊社のコンサルティング先及びみんなの森®整骨院グループでは、ホームページの更新、SNS等の情報発信を積極的に行ない、Googleマイビジネス、エキテン、PPC広告も活用いただいています。

当然ながら、インターネット集患は、かけた労力と投資に比例します。また、同一商圏内にインターネット対策を強化した競合院が存在するかどうかによっても、集患が左右されます。

治療院探しのほとんどがインターネット検索に集約されている現代では、インターネットを活用できている院が、新規患者を獲得できているのは事実です。これからも、この流れは変わらないでしょう。また、インターネット上にある治療院のどの情報をきっかけで来院したのかは、「人それぞれ」なのです。

ですから、施術内容、患者の声、身体についてのコラム、プライベートのこと、混雑状況等、ひとつでも多くの情報を提供ができるかどうかがポイントとなります。

そして、写真やページの雰囲気も非常に重要です。特に女性は、写真の雰囲気によって、行くか行かないかの判断を最終的にしているということが、さまざまな統計データでわかっています。

つまり、これまでの実績、院長の人柄、得意な施術等、患者がその治療院に行くことで自分自身の望む体の状態になることが期待できそうか、そして信頼ができそうかということなのです。こうしたことから、施術風景や施術の考え方等を動画で撮影してyoutubeにアップしてホームページ等で表示したり、SNS等での頻回更新を行なったり、ブログを定期的に更新するといった情報提供を続けている院は、確実に来院につながっています。

今でも、「インターネットはよくわからないから…」と敬遠されている方も多いようですが、今もこれからも、インターネット上で質の高い情報提供をし続けることが、多くの新規患者を獲得できる手段と、私は考えています。

弊社のyoutubeチャンネルです。ブログやSNS発信を弊社も頑張っています！

4章

治療院チラシはつくり方しだいでコロナ後も大当たり！

1

あなたの院の商圏特性を知るための三つのポイント

あなたの「商圏」を把握することは、経営効率を考える上で非常に重要です。「商圏」とは、簡単に言うと「あなたの院に来院できる患者がいるエリア」です。新規で来院するにも、再来するにも、自宅または職場から通いやすい場所にあることが重要ですから、商圏から外れた場所から集患することに力を入れるのは非効率です。たとえば、遠方の患者で、通院初期は週に2〜3回の来院が必要でも、その頻度での来院が難しくなる場合が多いのです。これは経営的にも、費用をかけて商圏外の方を集めたにもかかわらず、継続来院につながらないわけです。

ここでは、商圏を設定する上でのポイントについて解説してみたいと思います。

①**地域の街としての特性**…商圏を設定する場合、街の特性は大きく影響します。人口が増加し世帯数が伸びている街であれば、これからさらに患者数を増やすことは可能であり、有望な地域と言えます。しかし、人口が減少していく地域では、患者数を大きく増やしていくことが難しくなる可能性が高いのです。また、都心部と地方都市でも、商圏範囲は大きく違うことは理論的にも、そして長年のコンサルティング経験からもわかっています。

②**地理的要因**…鉄道、幹線道路、大きな河川、あるいは行政区画等によって、人の動きは交通的、心理的に分断されます。あなたの院が「なじみのある場所」と感じると、心理的にプラスに働きますが、「近くても足を運ばない場所」だと感じると、心理的にマイナスに働くのです。

③**現状の患者分布**…現状の患者分布分析は、院の集患力を計る上で重要な要素です。具体的には住宅地図（googleマップ等）を使って、一定期間内に来院した患者の住所にプロットシールを貼って検証してみることをお勧めします。そうすることで、期間内に来院している患者さんのエリアを浮き彫りにすることができます。これに基づき、チラシのポスティングエリア設定の参考にするのがベストです。

商圏特性

2 チラシ投入までのスケジュールを立てるヒント

チラシ作成は、投入の約2ヶ月前から始めることが理想です。とくに新規開院の場合は、開院日に必ず合わせる必要があります。ですから、チラシ投入までのスケジューリングが重要になります。

それでは、チラシ投入までの過程を時系列で追っていきましょう。まず、チラシの企画を決めます。治療院のチラシは、広告規制があるので、その範囲内で最大限に集患できる企画を考えます。企画の内容については、次章でくわしく解説します。

企画が決まったら、盛り込みたい内容を箇条書きにし、方眼用紙にレイアウトを書いてみましょう。チラシ投入の1ヶ月前までには原稿を完成させましょう。印刷会社に依頼する場合は、原稿提出後1週間程度で最初の校正原稿が出来上がるので、文字などの間違いやレイアウト、カラーのチェックなどを行ないます。URL（URLのQRコード）や院名や住所、そして特に電話番号の間違いは致命的なので、念には念を入れたチェックが必要です。

あわせて、チラシ作成に入る前に印刷会社選びです。インターネットで安く印刷が注文できる時代になりましたが、紙の厚さや紙質を選択するための印刷についての知識、そしてデータ作成とアップロード等のインターネットの知識、さらに印刷データ（版下）の作成も必要になります。弊社も対応していますが、印刷についての知識がある方にアドバイスをもらうか、近隣の印刷会社から数社相見積もりをして選ぶことをお勧めします。

そして、チラシの配布部数を決めます。新聞折込の場合は、新聞広告の折込会社から部数表と配布エリア表を、ポスティング業者の場合はエリアごとの部数表をもらい、エリアを決めます。

最後に、チラシを投入した後に、必ずチラシからの来院数を検証してください。反響は、季節や月初・月中・月末や曜日等によっても変わるので、いろいろと試してみることも必要です。これらのデータは、今後のチラシ販促による結果の予測をする時に重要な指標になります。

企画
データ作成
印刷
版下
紙
見積もり
チラシ
配布部数
エリア
レイアウト
検証

新聞折込とポスティング

チラシを作成して告知する方法は、新聞折込みかポスティングとなります。以下、それぞれの特徴について触れていきます。

●新聞折込

新聞折込は、人手をかけずにスピーディーかつ広範囲にまけるのが最大のメリットです。また、「新聞に折込まれている」ということによる安心感・信頼感というメリットもあります。デメリットとしては、最近特に若年層で「新聞を読まない人」が増えているのも事実で、地域にくまなくチラシを見てもらうというわけにはいかなくなったと言えます。

●ポスティング

ポスティングでは、郵便受けにチラシを入れていきますが、院長・スタッフのアイドルタイムや開院時間外に行なうことが可能なので、患者獲得を促すことをスタッフに伝えていきながら、計画的に行なうとよいでしょう。以下で、ポスティングの流れについて解説します。

1. 住宅地図の取得…1軒1軒が掲載されている住宅地図を入手しましょう。今は、Googleマップを貼り合わせて作成することをお勧めしています。
2. 住宅地図への落とし込み…①来患のあった患者さんの家を住宅地図にプロットする（直近半年分くらいを抽出）。この分析により、院の周辺など、多く来院してもらっている地域を対象エリアとして設定する。②対象エリアを細かく住宅地図とすり合わせ、より詳細なポスティング実施計画を立てる。③住宅地図で、重複、漏れのないように約30軒前後でブロック分けをし、エリアごとに番号分けをし、誰がいつ、どのエリアを訪問するかまで落とし込む。

また、地域によってはポスティングを専門に行なう業者もあります。新聞折込よりも単価は高いですが、地域にくまなくチラシを配るには最適です。

新聞折込
スティング

4 治療院チラシは3種類から選ぼう

一口にチラシと言っても、さまざまな種類があります。その中で、大きく分けると三つに分けられます（下表参照）。

まず、「イメージ型チラシ」は、認知度を上げるためやブランド化を主な目的とした「無難な」チラシです。「集患する・当てるチラシ」をあまり作成したことのない広告会社や印刷会社にすべてを任せてチラシを作ってもらうと、このようなチラシになってしまうことがあるので注意が必要です。

次は、「広告規制内チラシ」です。整骨院の場合、柔道整復師法及びあはき師法の広告規制の範囲内で最大限に治療院を表現する必要があります。写真やイラストの活用がポイントになってきます。

そして、「目玉型チラシ」ですが、これは一番得意な施術の特徴と内容を中心とした構成にして掲載するパターンです。ただし、専門用語を使った特徴の打ち出しをされているチラシを多く見かけますが、これは逆効果です。誰でも理解できる言葉遣いをすることが重要です。

弊社では、治療院コンサルティングを長く手がけてきたノウハウによるコピーライティングと洗練されたデザインを融合させたチラシを制作する「治療院販促ツール工房」にて、数多くのチラシ制作を行なってきています。

数多くの制作実績の中で、最も反響がよいのは「治療技術のよさをわかりやすく伝える」ことと「患者への思い」がにじんでいるチラシです。また「得意な症状」がわかるようにしておくことも不可欠です。

種類	特徴
イメージ型チラシ	・4色カラー・イメージ重視 ・「施術の特徴」「施術費」を書かない
広告規制内チラシ	・法律の規制範囲内で表現 ・イラストを活用
目玉型チラシ	・一番得意な施術の特徴と内容を大きく扱う ・「院長プロフィール」「思い」を載せる

11/9㊍開院
○○○治療院
○○駅前院
\プレオープン開催/
11/4㊏・6㊊・7㊋・8㊌
4日間施術無料
プレオープン期間中はすべて無料で施術いたします！
どこに行っても良くならなかった「痛み」「しびれ」「コリ」を解決！
腰
肩
むちうち首
ねんざ 打撲・骨折
スポーツ外傷
ひざ
当院の7つの特長！
1 ○○駅から徒歩2分 平日、夜21時まで診療
2 様々な施術技術にて 根本治癒を目指します
3 しっかりとした 問診とカウンセリング
4 早期回復施術を 目指します
5 ○市に1台だけの 最新機器を設置
6 つらい痛みの改善に 自信があります
7 交通事故は お任せください
○○○治療院
○○院
受付時間 月 火 水 木 金 土
9:00～13:30 ● ● ● ● ● 9:00～18:00
15:00～21:00 ● ● ● ● ●
※休診日 日曜日／祝祭日
※駐車場2台あり
※新患・急患 随時受付
予約優先制
プレオープン中は予約なしでお好きな時間にご来院ください
各種保険取扱・労災指定・交通事故
○○駅 北口から 徒歩2分
○○○治療院
○○院
2台あり
北口
6
JR
○○駅
268
郵便局
南口
どうぞ、お気軽にご来院ください！ 心よりお待ちしております！ 院長

5 当たるチラシをつくるポイント Part1

私は、これまで何百種類ものチラシを作成してきました。今では、比較的速くチラシづくりができますが、チラシを初めて作った時は、「いったい何から手をつけたらいいのだろうか？」と途方に暮れたことを思い出します。

ここでは、そんな私でも、どのようにしたら「効率的」に「速く」「当たる」チラシを作ることができるようになったかを伝授します。

①チラシに盛り込みたいことを箇条書きにする…「チラシづくりが苦手」だと言われる方を見ていると、最初から方眼用紙と「にらめっこ」しながら考え込んでいます。しかし、実はこれができる人は上級者だけです。

では、どのようにすればよいのかと言うと、まずチラシにどのようなことを盛り込むかをあらかじめ箇条書きにしておくことです。ここでのポイントは、チラシスペースの関係があるのでチラシに書ききれない内容になりそうだなどとは考えず、盛り込みたいことをとにかく列挙することが重要です。

②箇条書きしたことの内容に優先順位を決める…盛り込みたいことを列挙したら、次はその中で、チラシで一番表現したいことから優先順位を決めます。もし両面印刷にするなら、表面に優先順位の高い内容を配置するなどを決定します。

③優先順位に基づき、レイアウトを決める…優先順位を決めたら、いよいよチラシのレイアウト作成です。方眼用紙を用意して、大まかなレイアウトを書いていきます。優先順位の中で上位に入っている内容のものをピックアップして作成します。

最後に、レイアウトの優先順位について触れておきます。目の流れはチラシを見る場合、普通「Z型」に動きますので、最初に目に入る左上①と、一番最後に見ることにより印象が残りやすい右下④が一等地ということになります。そして、二等地が右上②、三等地が左下③ということになります。このようなことを考慮に入れた上で、レイアウトを書くとうまくいきます。

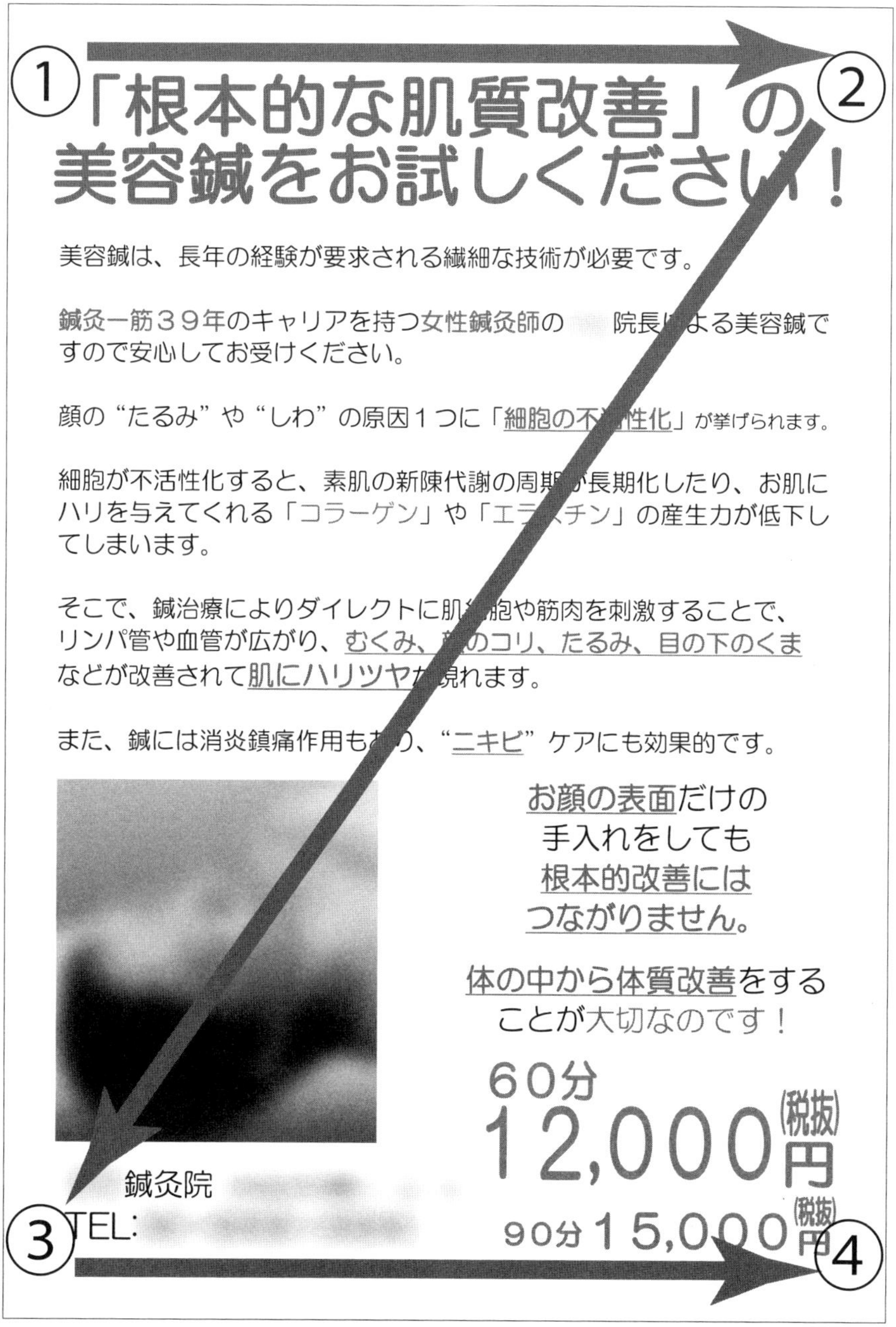

①
②
「根本的な肌質改善」の
美容鍼をお試しください！
美容鍼は、長年の経験が要求される繊細な技術が必要です。
鍼灸一筋３９年のキャリアを持つ女性鍼灸師の　院長による美容鍼ですので安心してお受けください。
顔の“たるみ”や“しわ”の原因１つに「細胞の不活性化」が挙げられます。
細胞が不活性化すると、素肌の新陳代謝の周期が長期化したり、お肌にハリを与えてくれる「コラーゲン」や「エラスチン」の産生力が低下してしまいます。
そこで、鍼治療によりダイレクトに肌細胞や筋肉を刺激することで、リンパ管や血管が広がり、むくみ、顔のコリ、たるみ、目の下のくまなどが改善されて肌にハリツヤが現れます。
また、鍼には消炎鎮痛作用もあり、“ニキビ”ケアにも効果的です。
お顔の表面だけの
手入れをしても
根本的改善には
つながりません。
体の中から体質改善をする
ことが大切なのです！
60分
12,000円(税抜)
90分15,000円(税抜)
鍼灸院
TEL:
③
④

チラシに盛り込みたい内容やレイアウトが決まったら、後はどのような色遣いをするか？　大きさは？　紙質は？　の検討が必要になります。ここでは、これらについて触れます。

●**チラシの色遣いについて…**色遣いは、チラシのイメージづくりにとって重要です。寒色（青、水色といった氷や水などを連想させる冷たい感じの色）より暖色（赤、オレンジ、黄系統の太陽や火を連想させる暖かい感じの色）、そして中間色（グリーン系）の方が反響率はよいのです。特に新聞折込を行なう場合は、さまざまなチラシが同時に入っているので、目に留まらせることが重要です。なるべく、明るい雰囲気のチラシになるように心がけましょう。

●**チラシの用紙サイズについて…**チラシのサイズはさまざまです。一番多く目にするのはB3やB4サイズではないでしょうか？　昔はB4サイズを使うことが多かったのですが、今はA4サイズを提案しています。コストが安いのに加え、B4サイズチラシが多いので、逆にA4サイズが目立つようになっているためです。

また、最近は治療院チラシの自主規制が厳しい新聞販売店が出てきていて、新聞折込NGの場合はポスティング業者に切り替えるのですが、いくつかのポスティング業者がA4指定ということもあるなども要因です。実際、A4で十分な反響が得られているので、弊社ではA4を採用しています。

●**チラシの紙質について…**チラシの紙質もさまざまです。自宅に折込まれているチラシを見たら気づくと思います。では、治療院のチラシは、何がベストかと言うと「コート紙」です。コート紙は、表面がつるつるしていて、光に当てると光る素材の紙です。治療院のチラシには清潔感がかもし出されている必要があると思うし、コート紙はよいイメージの雰囲気を出すことができます。また、紙厚も重要です。ある程度厚みのあるものにしないと安っぽい感じに見られるので、ある程度の紙厚を確保されることをお勧めします。

明るい色遣い
A4サイズ
コート紙

7 当たるチラシのポイント Part1

チラシを打つことの目的は、チラシを見た人に「ホームページを見てみようかな？　電話で問い合わせてみようかな？　行ってみようかな？」と思ってもらうことです。

また、チラシの紙面には限界があるので、ホームページへの誘導が不可欠です。URL情報の入ったQRコードは必ず掲載しましょう。特に新規開業時には、プレオープンチラシ企画とホームページのセットでのスタートが必要です。開業日から、予約で埋まるスタートダッシュができなければ、運転資金に食いつぶされて新たな販促企画の資金がなくなってしまい、即廃業となる事例が多発しています。

チラシには治療院のよさを最大限に表現することが重要になります。では、どのようにしたら治療院のよさを最大限に表現できるのでしょうか？　弊社がこれまでチラシを作成してきた中で感じるのは、治療院のチラシづくりで最も重視しなければならないこととして、「安心・信頼感を全面に打ち出すこと」です。チラシを見た人が、「この治療院で一度診てもらおう」と感じられる、安心できる何かがないと行動には移しません。安心・信頼感を表現するには、以下のようなポイントを押さえるとよいでしょう。

①自分は治療の対象になるのか？…一口に治療院と言っても、何を治してくれるのかがよくわからないと思われていることが多いものです。そして、「自分の症状でも施術をしてくれるかどうか不安」なものです。ですから、施術できる症状を列挙したり、イラスト化するなど、「私の症状に対応してくれるんだ！」と思ってもらうことが重要です。

②実績はあるのか？…実績を表現するのに最も効果を発揮するのが、「患者の声」です。紙面の関係で、チラシに多くを掲載するのは不可能なので、ホームページに掲載している「患者の声」を見てもらうように誘導するのが有効です。また「のべ10万人の施術実績」「20年の施術実績」といった実績も数字効果が高いのです。

QRコード例：みんなの森®整骨院グループへリンクします

③どのような施術を行なうのだろう?……最近では、「ポキポキ鳴らす施術とか、痛い施術はいやだ」という方も多いので、そのような施術でなければ、「ポキポキしない」「痛くない」などという表現を使うとよいでしょう。

要するに、どのような施術方法で施術を行なうかを明示することが重要になります。この時に注意しなければならないことが、専門用語を使わず、わかりやすい表現をすることです。

④誰が施術するのだろう?……患者は、「どんな人がやっているのだろうか?」ということに不安を感じているので、院長、スタッフの顔を載せましょう。似顔絵でも写真でもいいのですが、笑顔にすることがポイントです。また、名前、プロフィール、コメントを付け加えましょう。

こうすることにより、顔の見える治療院という安心感が創出できます。また、スタッフの集合写真を載せるのも効果的です。特に、女性の受付や治療スタッフがいる場合は安心感につながります。写真を嫌がられる場合は似顔絵にしてもよいでしょう。

⑤料金はいくらなの?……整骨院は料金の表示を禁止されているのですが、その他の治療院では、料金をチラシに明示していることが多いです。弊社では、施術料金の値引きを推奨していませんので、正規の施術費掲載を勧めています。ただし、今はチラシに料金を明示せずに、ホームページに誘導し、料金ページで料金を見てもらう提案を主流にしています。

⑧来院からお帰りまでの流れを明示……初めて院に入る人にとって不安なのが、院に入ってから帰るまで、どのような流れになっているかがよくわからないという点です。

入りやすい院にするためには、どのような流れになっているかを、イラストなどで表現するとよいでしょう。また、紙面が取られてしまうので、くわしい流れを掲載しているホームページを見てもらうように誘導することを提案しています。

[redacted]

9 当たるチラシのポイント Part3

⑦地図の明示…治療院にとって、地図は重要です。チラシを手に、いざ治療院に行こうと思って向かったはいいが、途中でわからなくなって帰ったということも実際にあります。院までの道で、目印になるお店などを入れてイメージしやすくするなどの工夫が必要です。また、お店には「さん」付けすることも忘れずに。優しい・丁寧などというイメージを表現することが目的ですが、近所のお店の方も患者になるかも知れません。細かいことですが、このような配慮の有無が意外とポイントになったりすることがあるのです。

⑧地域密着を訴求…治療院は、商圏特性の項でも触れたように、地元の商圏内の方に来院してもらうわけなので、地域に根付いて密着した経営をしていることを前面に打ち出すことがポイントになります。したがって、チラシの中では、「お蔭様で、地元○○で△周年を迎えることができました」、あるいは、「○○生まれの○○育ちだからか、地元の方を治したいという情熱が倍増してしまいます。何か体のことで不安なことがありましたら、私が相談をお受けいたします」などといった、「地域住民の健康を守るための治療院」をアピールするとよいでしょう。

⑨捨てさせない工夫をする…基本的にチラシは、今まさに体の症状で何か気になっている人の目に留まってすぐに来院するというパターンが多いのですが、今すぐ行く必要はないけれど、もし何かあった時は…、と思っている方にも効果があればなおよいわけです。ですので、そのような方のためにチラシの片隅に載せるのが、「保存版」や「冷蔵庫に貼っておいてね!!」という表現です。私もチラシを作り始めた頃は、「こんなことを書いてもあんまり効果はなさそうだなぁ」と思っていたのですが、実際にやってみると、半年ほど経って来院する方などがちらほらと出てくるのです。聞くと、「保存版」だから取っておいたという人が結構いるのです。こちらから「提示」するとアクションを起こしてくれる人がいるものなので、ぜひ活用してみてください。

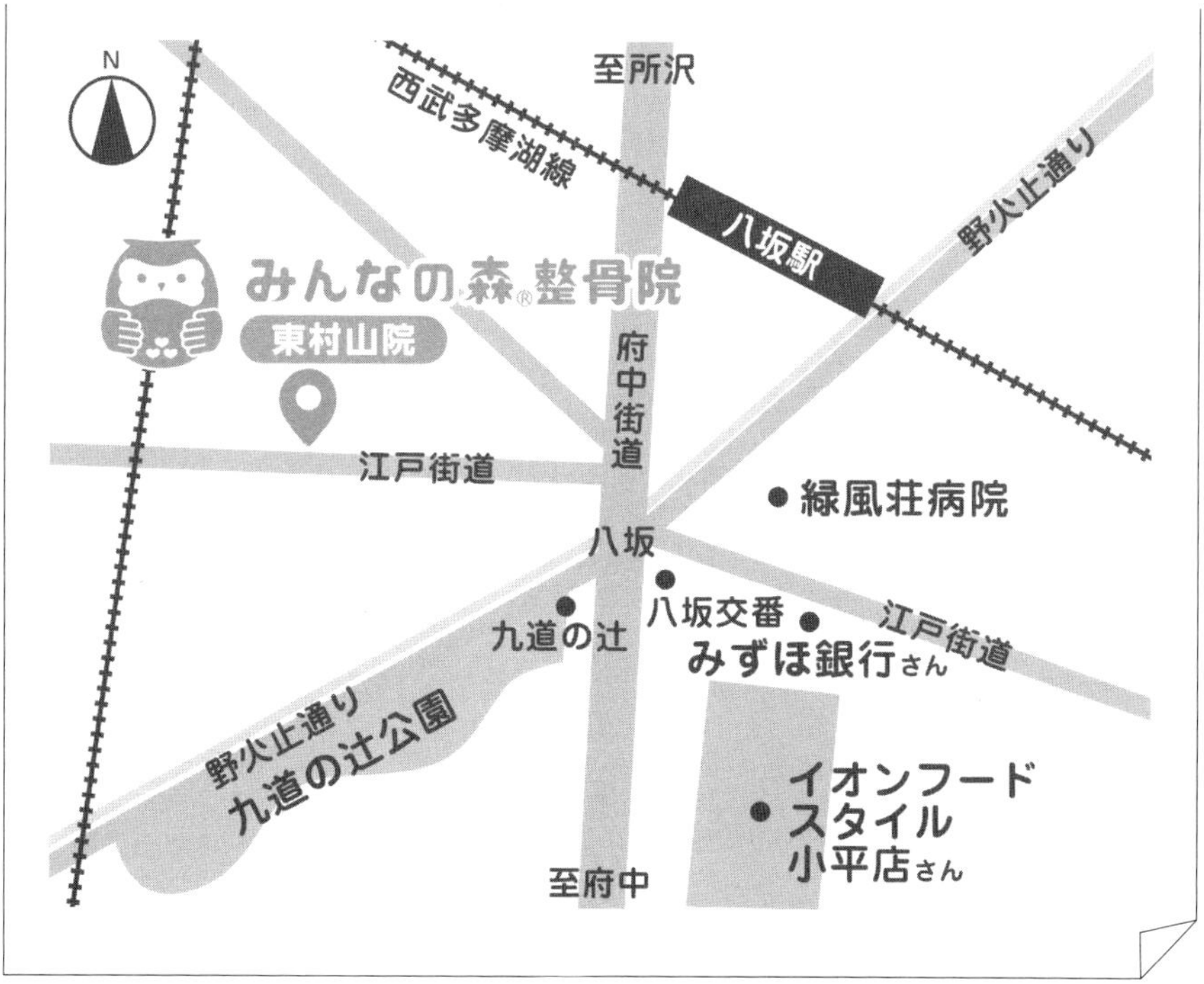

地図の一例

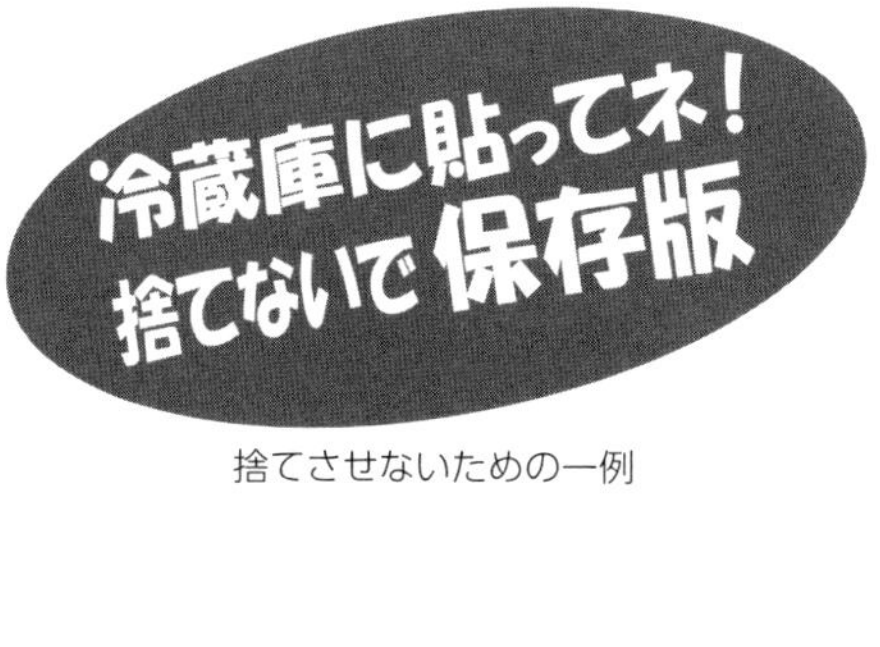

捨てさせないための一例

⑩**レイアウト・デザイン…**全体のバランスを考えて、レイアウトに変化をつけたり、イラストや写真などを使うことでメリハリをつけましょう。わかりやすく、目立つチラシにするためには重要です。そしてデザインですが、センスがものを言います。弊社では女性デザイナーが在籍していて、治療院のコンセプトに合った親しみやすさのあるデザインを提案し続けて、よい反響をいただいています。私には、そのセンスがまったくないことに気づかされました。

⑪**開院時間・休診日の明示…**基本情報を明示しているかどうかの確認も大事です。治療院は、曜日によって変則的な開院時間になっている院が多いので、曜日別の一覧表にするとわかりやすくてよいでしょう。

⑫**チラシのタイトルを考える…**チラシを見る人にとって、「なぜ、このチラシが入っているのか？」と考えるのは当然のことです。ですから、チラシを打つには、「なぜ、このチラシを打っているのかという理由」、つまり「大義名分」が必要になります。具体的には、「日曜営業を始めました」や「おかげさまで10周年」など、大きな変更やイベントがあるタイミングがよいでしょう。

ただ、大義名分が明確で一番反応があるのが、開業オープン時です。みんなの森®整骨院リブランドは、院名も看板も変えるから新規開業オープンのチラシがまけるという発想から来ました。

以上、当たるチラシにするための具体的な方法と内容について、理解してもらえたかと思います。あとは、実際にチラシを作ってみることです。実際に作っていくと、いろいろな問題点も出てくると思いますが、何回か作成していくうちに、コツがつかめてくるでしょう。そうして改善・改良を重ねていくことで、より反響率の高いチラシなっていくはずです。

インターネット時代になっても、紙媒体の力は健在です。インターネット集患は短期間での爆発力は少ないですが、チラシ配布は短期間での爆発力があるのです。

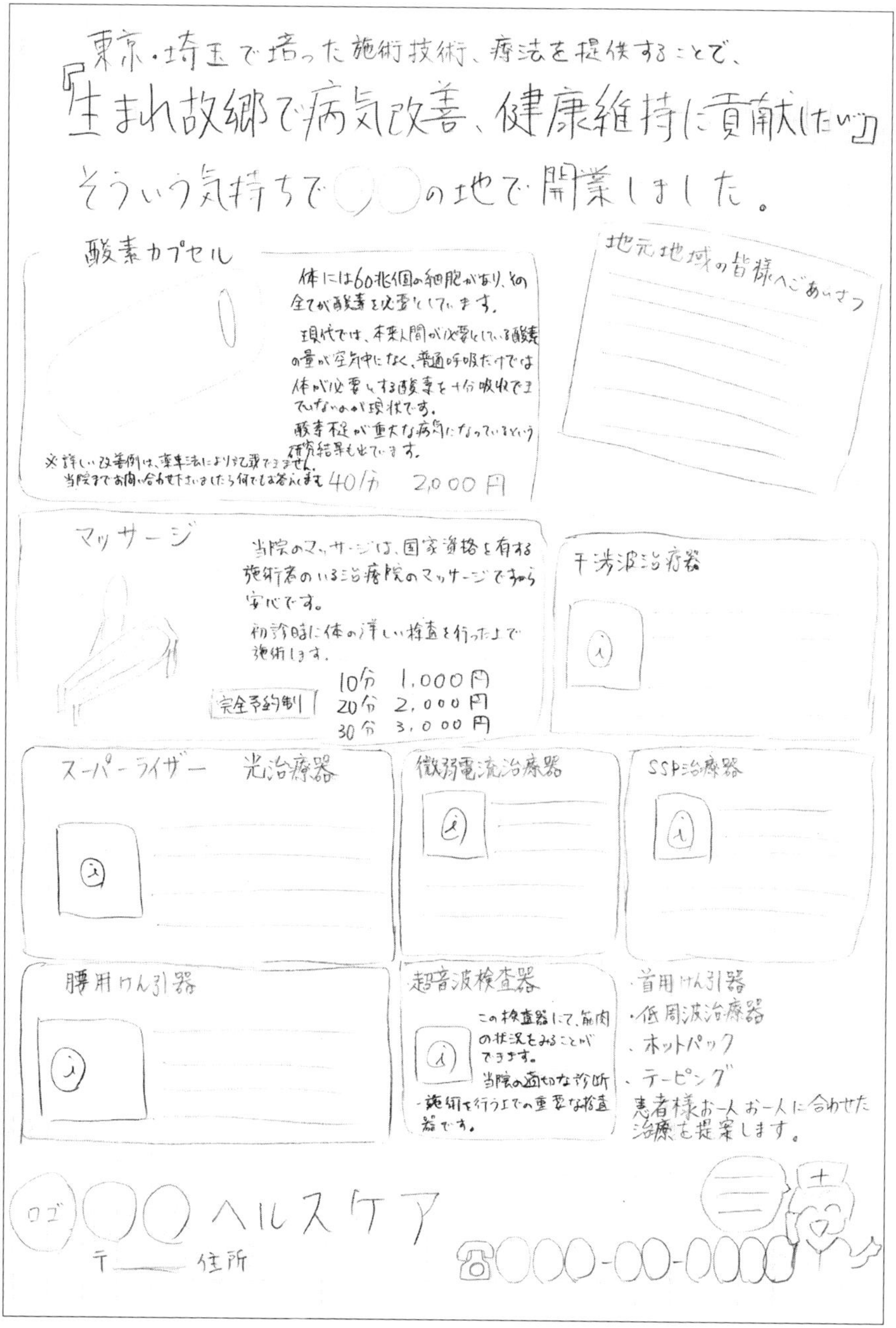
東京・埼玉で培った施術技術、療法を提供することで、

「生まれ故郷で病気改善、健康維持に貢献したい」

そういう気持ちで○○の地で開業しました。

酸素カプセル
体には60兆個の細胞があり、その全てが酸素を必要としています。

現代では、本来人間が必要としている酸素の量が空気中になく、普通呼吸だけでは体が必要とする酸素を十分吸収できていないのが現状です。

酸素不足が重大な病気になっているという研究結果も出ています。
※詳しい改善例は、薬事法により記載できません。
当院までお問い合わせ下さいましたら何でもお答えします。
40分 2,000円
地元地域の皆様へごあいさつ
マッサージ
当院のマッサージは、国家資格を有する施術者のいる治療院のマッサージですから安心です。
初診時に体の詳しい検査を行った上で施術します。
完全予約制
10分 1,000円
20分 2,000円
30分 3,000円
干渉波治療器
スーパーライザー 光治療器
微弱電流治療器
SSP治療器
腰用けん引器
超音波検査器
この検査器にて、筋肉の状況をみることができます。
当院の適切な診断・施術を行う上での重要な検査器です。
・首用けん引器
・低周波治療器
・ホットパック
・テーピング
患者様お一人お一人に合わせた治療を提案します。
ロゴ ○○ヘルスケア
〒—— 住所
○○○-○○-○○○○

11 美容系チラシ事例と美容系メニュー導入の注意点

治療院では、痛みの改善を目的とした施術を行ないながら、美容系施術メニューを導入する院が多くなりました。代表的なものでは美容鍼、小顔矯正、猫背矯正、O脚X脚矯正、美容骨盤矯正などといったものです。特に女性は、「美しくあり続けること」に大きな価値を感じるので、美しくなることにはお金をかけ続けます。また、単価も高く設定できるので、うまくやれば大きく売上げを伸ばすことが可能という魅力があります。

右記美容メニューを始める時の主なターゲットは、既存患者及び既存患者からの紹介、そして近隣の個人店舗となります。まず、このターゲット向けにチラシを作成しましょう。施術の値引き提案は施術価値を下げると考えるのでしませんが、美容系は期間限定、あるいは人数限定のお試し価格の設定をお勧めしています。院内や店内配布は広告に該当しないので、利用者の声、ビフォーアフター、施術効果など、自由な表現で掲載することができます。

また、美容専門スタッフを雇用し、1ベッドあるいは個室をつくり、美容部門を立ち上げる院も多くなっています。治療院で扱う美容系は、エステ（ダイエット）、フェイシャル、脱毛、そして美容液・化粧品販売、美容サプリメント販売が主となります。

しかし、儲かりそうだからと安易に手を出して、美容部門を撤退する治療院をこれまで数多く見てきました。チャレンジするのはよいことですが、美容部門は治療院経営の難易度より格段高い、という前提のもとに進めるべきです。

なぜなら、治療院でテレビCM、電車広告、大量のチラシ配布をする大手はほぼありませんが、とくにエステは上場企業を含めた大手が多額の販促費をかけて宣伝しているからです。上場企業を含めた大手が入り込んでいない地方都市では勝ち目がありますが、都市部で勝負しても勝ち目は少ないというのが現状です。また、広告規制が厳しいので、規制範囲内でできる文言・表現ノウハウが必要でもあります。

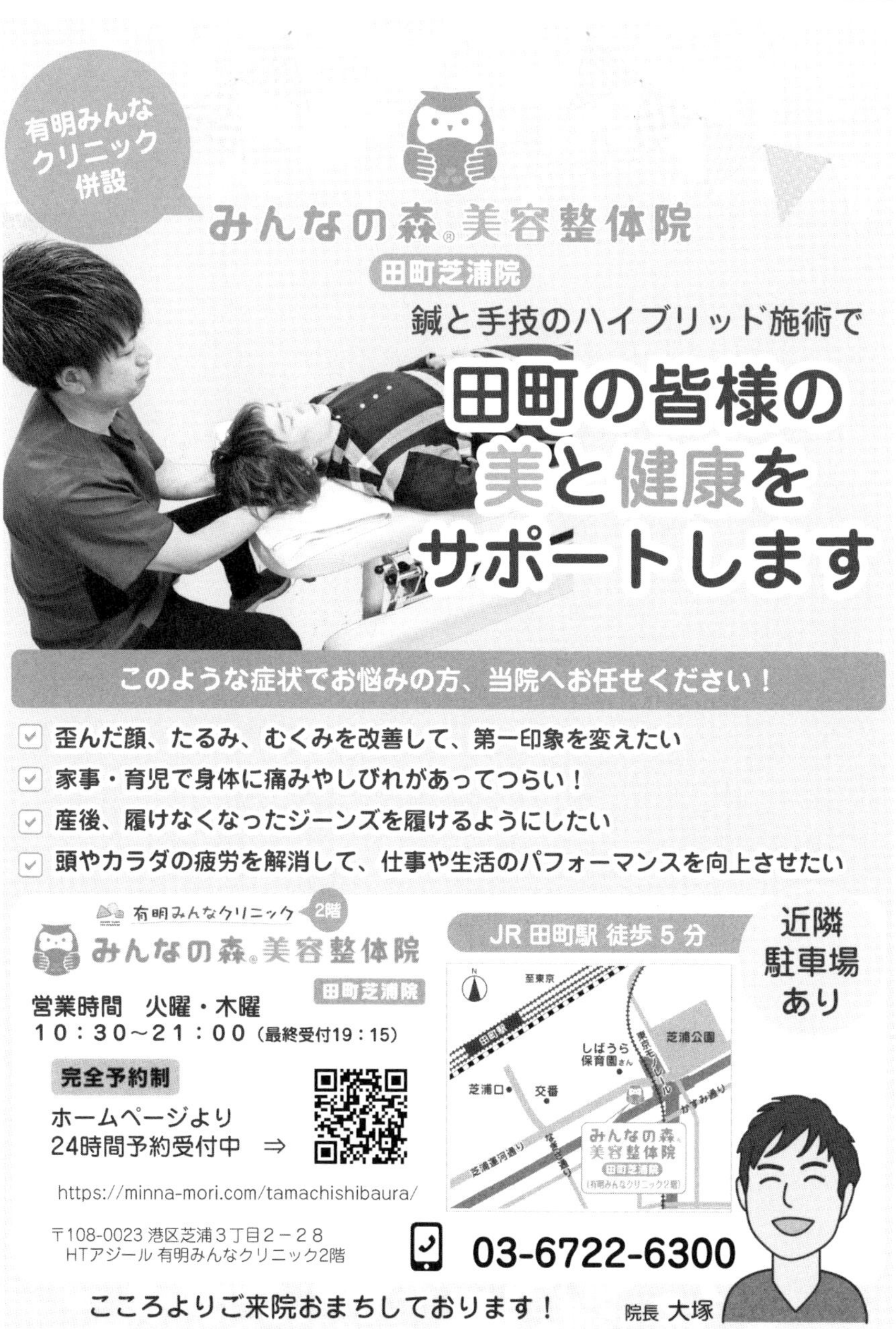
有明みんなクリニック併設
みんなの森®美容整体院
田町芝浦院
鍼と手技のハイブリッド施術で
田町の皆様の美と健康をサポートします
このような症状でお悩みの方、当院へお任せください！
歪んだ顔、たるみ、むくみを改善して、第一印象を変えたい
家事・育児で身体に痛みやしびれがあってつらい！
産後、履けなくなったジーンズを履けるようにしたい
頭やカラダの疲労を解消して、仕事や生活のパフォーマンスを向上させたい
有明みんなクリニック 2階
みんなの森®美容整体院
田町芝浦院
営業時間　火曜・木曜
10：30〜21：00（最終受付19：15）
完全予約制
ホームページより
24時間予約受付中　⇒
https://minna-mori.com/tamachishibaura/
〒108-0023 港区芝浦３丁目２－２８
HTアジール 有明みんなクリニック2階
JR 田町駅 徒歩５分
近隣駐車場あり
至東京
田町駅
芝浦公園
しばうら保育園さん
東京モノレール
芝浦口
交番
かすみ通り
芝浦運河通り
なぎさ通り
みんなの森 美容整体院
田町芝浦院
(有明みんなクリニック2階)
03-6722-6300
こころよりご来院おまちしております！
院長 大塚

5章

知らないと損する看板メソッドと院内環境づくりのポイント

1 外看板の種類とポイント

看板の内容によって、新患数は驚くほど変化します。看板は治療院の「顔」ですから、「ここは何をしてくれるところなのか」がすぐにわかり、目立ち・印象に残るものにしなければなりません。ここでは、看板の種類と活用のポイントをご説明します。

①壁面看板…院の正面上の壁などに取り付けてある看板です。欄間（らんま）看板とも言います。看板内部に蛍光灯を入れる内照式と、比較的ローコストの、外から光を当てる外照式の看板があります。

②カッティングシート…ガラス面に貼りつけるシートですが、最も重要な「看板」として欠かせない看板です。営業時間表や、施術の内容がわかりやすいようにイラスト化すると、人の目に留まりやすくなります。

③突き出し看板…建物に垂直に突き出して設置する看板です。袖看板とも言います。歩行者・車両などが遠目でもわかることがポイントです。

③置き看板…動かすことのできる、院の前に置いておく看板です。最も歩行者の目線に近い看板になるので、看板の中でも非常に重要です。置き看板の袖にチラシや治療院案内を入れるポケットを付けたり、上にLED電光看板（流れる電飾文字看板）を取り付けると、さらに目立ちます。

④のぼり…のぼりは風で動くので目につきやすいのです。院前に3～4本立てると非常に目立ちます。実際にのぼりを活用することが多くなっています。注意して観察してみると、飲食店をはじめとした多くの店舗がのぼりを活用していることに気付くと思います。

看板を出す目的は、院の存在を認知してもらい、来院してもらうことです。注意点としては、色あせしたらリニューアルすること。看板が古くなると、看板を見てからの来院は減っていきます。ほぼ同じ内容の看板に取換えただけで、看板を見て来院する方が増える事例を数多く見ます。つい最近も、色あせた看板とカッティングシートを10年ぶりにリニューアルした院で、看板を見ての新患から、「いつも前を通っているのに気づきませんでした」と言われたそうです。

[redacted]

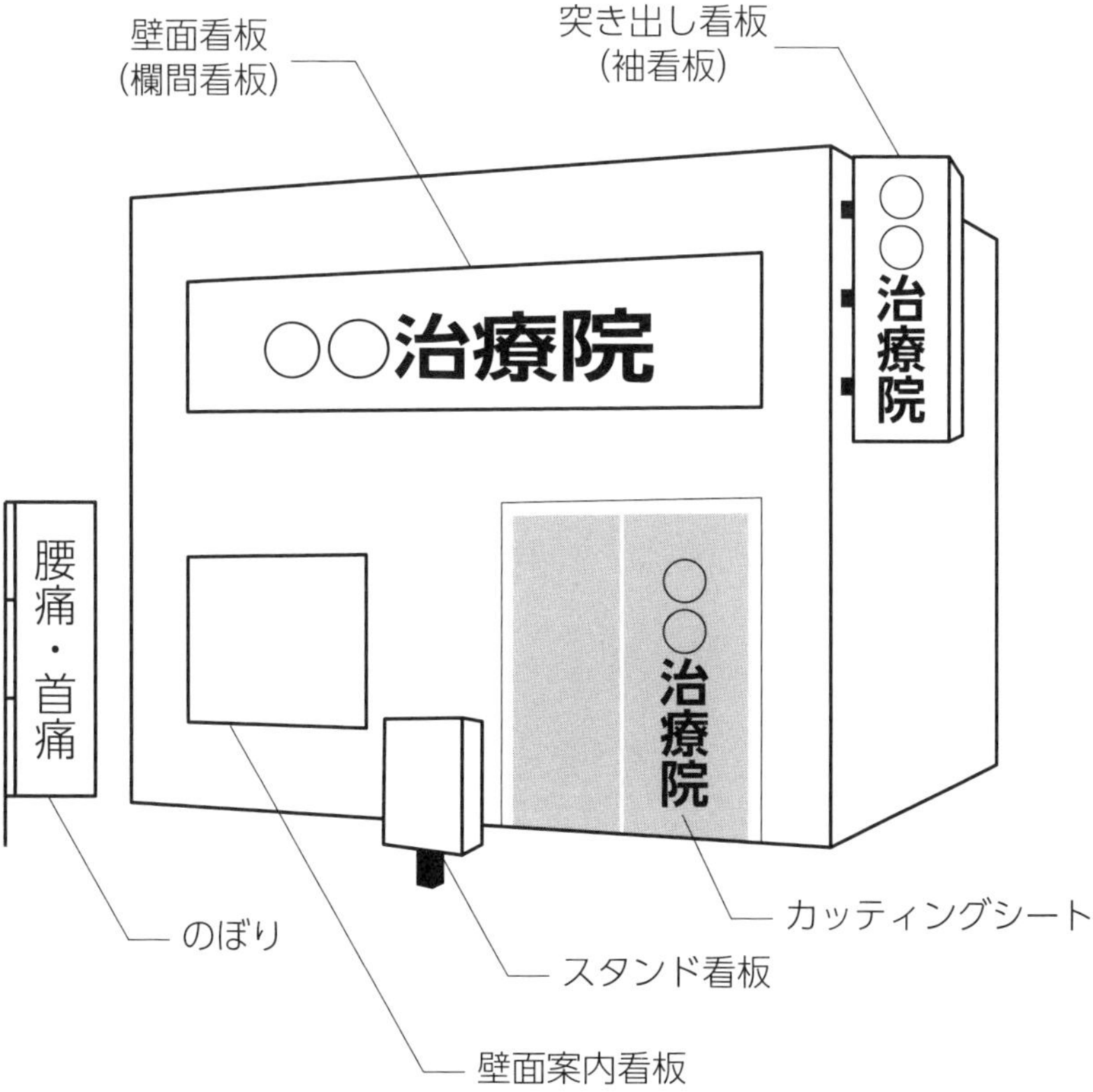
壁面看板
（欄間看板）
突き出し看板
（袖看板）
○○治療院
○○治療院
腰痛・首痛
○○治療院
のぼり
カッティングシート
スタンド看板
壁面案内看板

2 新患さんを増やす外看板のポイント

新患を増やすためには、看板の内容が最も重要ですが、それに加えて、設置場所と大きさもポイントとなります。ここでは、看板をつくる上でのポイントを挙げていきます。

大きさのポイント…数多く看板を提案してきた中で気づいたことは、看板の大きさの重要性です。看板はできる限り大きくすることをお勧めします。ほぼ同じ内容の看板を作成しても、看板が大きい院の方が、看板を見て来院する数が圧倒的に多いのです。多少コストが上がっても、できる限り大きい看板にすることをお勧めします。物件調査時によい立地の物件が見つかっても、看板の大きさが十分に確保できない場合は見送ってもらうことがあるほどです。

色遣いのポイント…色遣いのポイントとして、暖かい色（暖色）と冷たい色（寒色）、そして中性色を押さえておきたいものです。暖色と寒色では心理的な温度差が約3度あるという実験結果もあるので、配色によっては、心理的暖かさが違ってきます。暖色…桜色、オレンジ、黄色、赤色系統の暖かく感じさせる色。寒色…青、水色といった氷や水などを連想させる冷たく感じさせる色。中性色…グリーン系統の暖かさがあって、冷たさを感じさせない色。

色遣いについては、デザイン性、バランス、統一感があって、目立ち、暖かく、洗練された雰囲気を出すことが重要な要素となります。

弊社では、ロゴ、看板、ホームページ、診察券などのすべてのデザインを統一したもので提案しています。これはブランドづくりの一環として欠かせません。たとえば、看板はオレンジなのにホームページは水色といったものを、今でも多く見かけます。統一感のない治療院に対して、「このセンスの悪い感じ、治療のセンスは大丈夫だろうか？」と思われても仕方がありません。私も、弊社に女性デザイナーが入社し、デザインで反応率が上がるのを目の当たりにしました。男性のセンスではダメだなと思い知らされました。

腰
肩
ひざ
の痛み
おまかせください
ココ
○△治療院
腰
おまかせく
○△

3

「ウェルカムボード」はローコストで大きな効果

特に昼間は、外から見ると開院しているかどうかがわからないこともあるし、看板だけでは伝えにくいことを短いメッセージで伝えたいものです。それを解決できるのがウェルカムボードです。ウェルカムボードとは、院前に設置する案内ボードのことで、ウェルカムボードは看板と違って差し替えが随時可能という大きな利点があります。ウェルカムボードは、活用しだいでは、大きく集患につなげることができるので、その活用方法を挙げてみます。

治療の情報提供として…治療についての情報提供として活用します。得意な症状名、施術方針、施術内容の解説、施術効果、料金、そして施術の流れなどを掲載するとよいでしょう。

健康の情報提供として…治療院としての情報発信として、健康情報の提供を行なうのもよいです。たとえば、「腰痛体操の豆知識」や「ストレッチの方法」などをテーマとして、週替わりなどで掲載できればベストです。このように、健康情報を提供することで、施術の専門家としてだけでなく、日常の健康管理のアドバイザーとしての印象を打ち出すことで、信頼度を高めることができるという効果が期待できます。

院内の雰囲気の醸出として…外から院内の雰囲気はわかりづらいので、院内写真や施術写真等を掲載するのもよいでしょう。また、院長やスタッフの写真や似顔絵などは、人柄や院内の雰囲気がイメージできるようになるので、親しみや親近感を演出できます。

ウェルカムボードは一手間かかるので活用を躊躇される方もいますが、ウェルカムボードを活用して、外からはわかりづらい施術の内容や院内の雰囲気、情報提供などを行なうことで入りやすい状況づくりを行ないましょう。

また、風が強い場所では、「反応はよかったのですが、風で飛ばされてしまうので出さないようになった」と報告を受けることがあります。風に飛ばされない土台のしっかりしたウェルカムボードもありますから、ぜひ活用してください。

10月
休診日
さきたま
整骨院
8日、9日、12日、14日
22日、23日、27日、29日
脱毛・フェイシャルサロン
VIBALISS

当院では!!
筋膜リリース
という治療を
行っています
慢性痛
体を動かしにくい
ケガをしやすい
痛みで正常な動きが
できない
上記でお悩みの方は!
リリース治療がおすすめです!

4 看板業者さん選びが運命の分かれ道になることも

看板を作成する場合、当然ながら看板業者に依頼する必要があります。

弊社でも、これまで全国各地の治療院の近くにある看板業者に依頼してきたのですが、たびたび面倒なことになることがありました。先項でも書いた通り、弊社から看板デザインをデータで渡すのですが、それでもアレンジされて仕上がって来ることがあるのです。オレンジで統一感を持たせた配色で提出したのに、一部が緑色や青色に変更されて出てきたこともありました。字体も一文字一文字意識して選ぶのですが、別の字体に変わって出てきたこともありました…。

少なくとも、治療院の看板を作成したことのない看板業者なら、参考にしたい看板の写真と具体的な看板の内容とレイアウトを、手書きででも書いて提出されることをお勧めします。

これまでの経験上、看板業者は、「当たる看板提案のプロ」ではなく、「看板施工のプロ」がほとんどだということです。患者が入りやすいかとか、患者数を増やす内容にするということにコミットしているのではなく、問題が起きない立て付けにして、しっかりと施工することにコミットしているということを覚えておいたほうがよいでしょう。

また、知り合いの看板業者に頼まれる方も多いです。この場合、注意していただきたいことが、看板の内容にあまり納得できなくても「知り合いだから言いづらい」状態になって、イメージしていた看板にならなかったという声をよく聞きます。開業の場合、開業エリアを決めて開業を決意したらまずやってほしいことが、内装工事業者と看板業者探しです。内装工事業者は看板業者と提携していますが、見積もりしだいでは、内装工事業者と看板業者を別々にすることも可能です。

看板業者はインターネットで調べて、最低3社の相見積もりを必ず取ってください。過去の施工事例、担当者の対応力、そして見積もり額を比較してください。地方の看板業者のデザインは、失礼ですが総じてダサい（古臭い）ので、施工事例の確認は必須です！

看板業者
施工事例
対応力
相見積もり

5 すぐに改善できる内装・レイアウトのポイント

治療院に来院する患者は体に何らか不調があるわけですから、院内に入るだけで気分がよくなるくらいの明るさや清潔感、新鮮さ、そして癒しがあるほうがよいですね。

内装は、年数が経つとクロスや床には汚れや色あせが出てきます。特にお灸をされている院では黄ばみが目立ってくるものです。「古くなっているのは歴史の証だからこれでよい」とおっしゃる方もいますが、女性を中心にして、古い雰囲気を嫌がる方が圧倒的に多いのです。ある程度のコストはかかりますが、内装だけでも必要に応じて変更されることをお勧めします。

また、内装というほどではなくても、春はサクラなど、夏は海やお祭り、そして秋は落ち葉やハロウィーン、年末はクリスマスなどの飾りつけをするなどして、季節ごとに院内の装飾を行ない、患者を楽しませている院もあります。気に入った植物を置いてみるのもよいでしょう。

このような変化は、患者だけでなく、どうしても日々、同じ場所・時間に仕事をしている中でマンネリになりがちな、あなた自身とスタッフにとっても気持ちに変化が起きますから、非常に重要なことなのです。

また、コンサルティング相談の中で多いのがレイアウトについてです。まず重視すべき点は、あなたとスタッフの導線です。特に、受付補助スタッフの導線が悪いと効率が悪いし、「仕事が疲れる」と、辞められる原因になったこともあります。受付場所と受付補助スタッフが頻繁に行くベッドや医療機器の距離をなるべく短くする導線づくりがポイントとなります。

そして、治療院業界の方と長年関わっていると、風水的な視点でレイアウトすることで、場をよくして運気を上げているという方と多く出会います。弊社も自宅も風水鑑定をお願いしてレイアウトしています。実を言うと、船井総研時代から故船井幸雄氏に共感する部分があって、昔から「場づくり」などに興味があり、いろいろと実践しています。

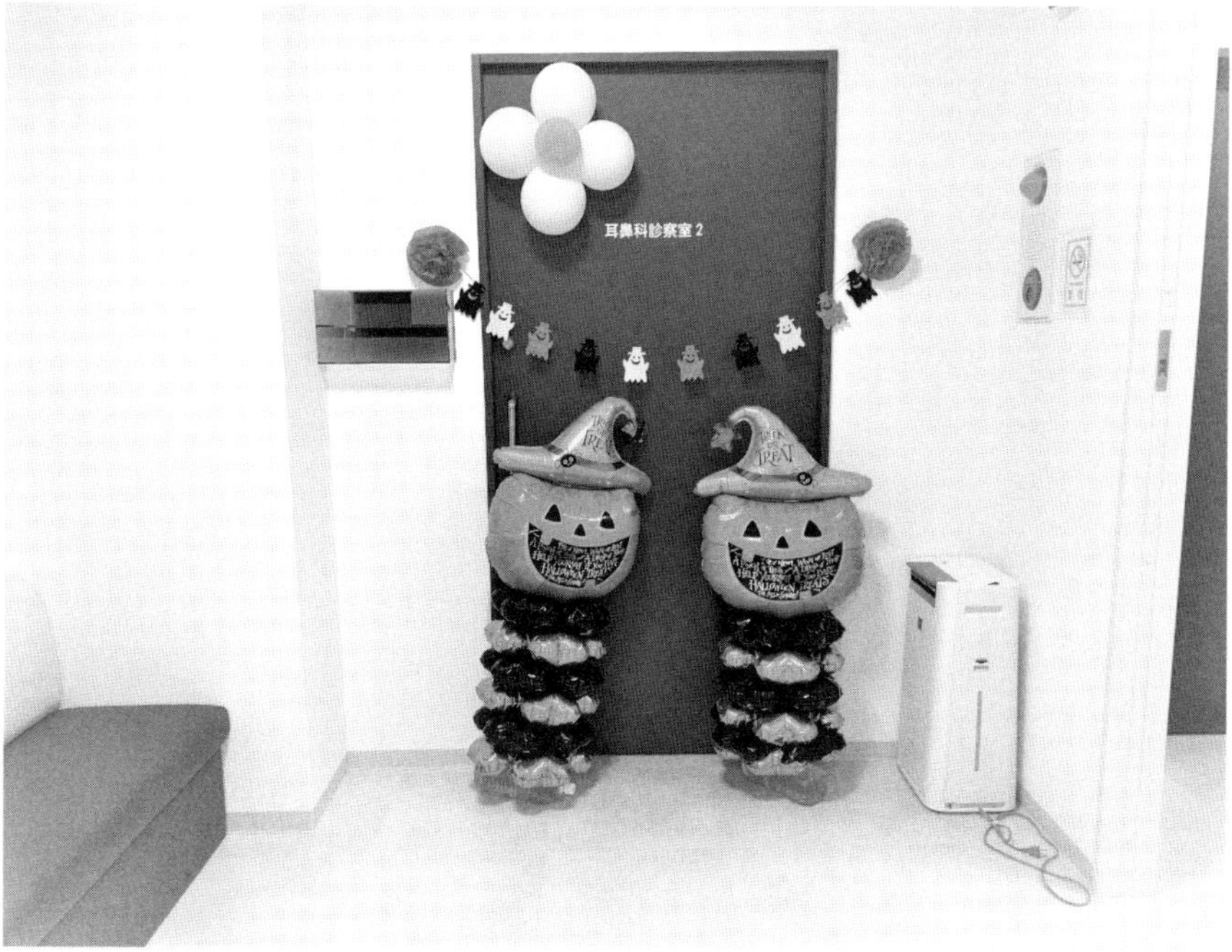

ハロウィーン装飾の事例（有明みんなクリニック田町芝浦院）

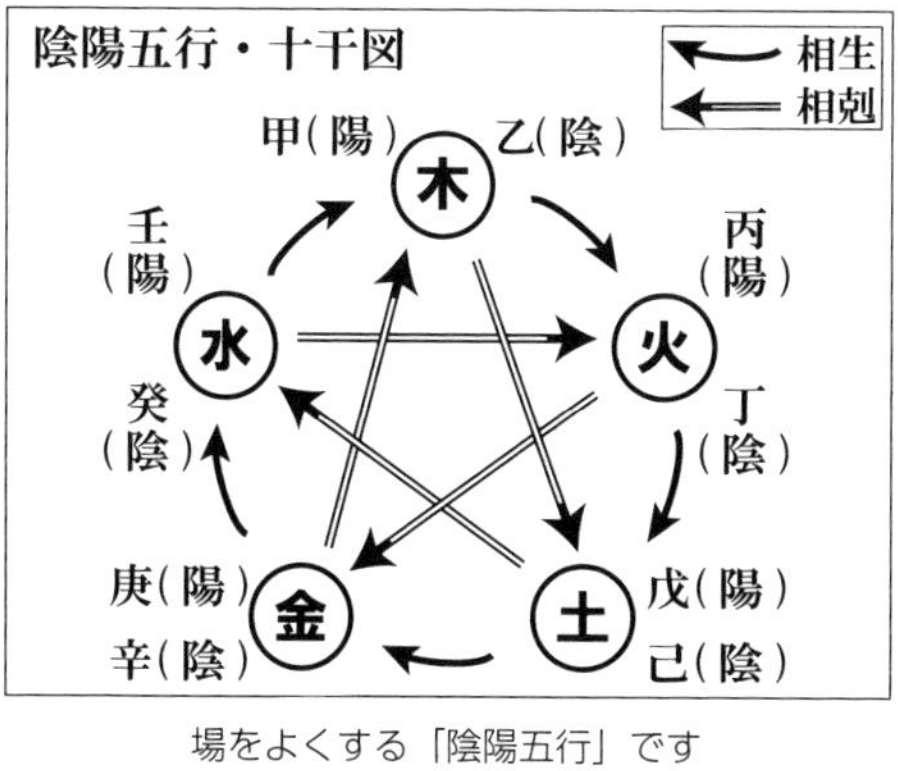

場をよくする「陰陽五行」です

6 待合室の工夫で安心・信頼してもらえる三つのこと

待合室には、常に気を配る必要があります。特に、新患は初めて足を踏み入れる場所ですから、不安でいっぱいなのです。

ですから、その不安を解消してあげられるかどうかがポイントです。だからこそ、院のよさや特徴をしっかりアピールすることで、安心・信頼してもらえる場にしたいものです。また、お待たせすることがよくある院は、お待たせしてしまってもなるべく退屈させない、そしてお待たせしてしまい申し訳ないことを表現したり、お伝えしたりする必要があります。では、具体的に挙げましょう。

①施術内容の説明…治療院業界は、院ごとにまったく異なる施術を行なっていると言えます。施術内容や院長・スタッフのプロフィール等をわかりやすく説明した案内ブックを待合室に設置することをお勧めします。新患には、問診票を書いてもらった後に、受付スタッフから案内ブックを手渡して読んでもらうのがベストだし、案内ブックの内容は待合室の掲示板に掲示するとよいでしょう。また、「患者の声」を待合室に掲示するのも非常に効果的です。

②料金表の明示…患者にとって料金は最も気になるものです。料金を明確に提示することで安心・信頼感が得られます。今や保険と自費の両方を扱う整骨院がほとんどですが、特に保険の使える整骨院には、保険と自費の料金をわかりやすく提示することが不可欠です。

③賞状の掲示…柔道整復師、鍼灸師、あマ指師の賞状、民間資格の賞状や、認定機関による認定証などを掲示しましょう。ハロー効果（後光効果あるいは光背効果とも言う）を活用するのです。「人物や物事を評価する時、めだって優れた特徴があると、その人物や物事のすべてを優れていると思うこと」ですが、たとえば「先生」「称号」「権威」などによって、信頼性や価値が高まる効果があります。ですから、患者さんにとって、院に対する、安心・信頼の裏づけにもなるわけです。効果はあります。

待合室（みんなの森®整骨院　足利院）

7 POPは活用の仕方しだい

POPとは（「Point Of Purchase」の略で、直訳すると、「購入する時点」という意味）は「話をしない接遇する掲示物」です。つまり、あなたやスタッフの接遇の代わりや補助をしてくれる便利なツールです。話をする時間が十分に取れない時でも、最低限の説明をPOPがしてくれます。限られた時間の中で、院から伝えたいメッセージを確実に説明するのは至難のわざですから、POPが大きな役割をはたしてくれることが多いのです。

POPの種類：①施術内容の説明POP…自院での施術内容・効果を明確に示すことにより、患者への施術内容に対する説明をします。

②医療機器の説明POP…治療機器の説明をPOPとして表示することで、それぞれの機器がどのような原理で作用し、その結果、どのような治療効果があるのかを明示することができます。

③物販関連POP…患者がサプリメント、サポーター、シップなどの商品を購入する際に、特長、価格などを明確化し、商品を見ただけではわからない魅力を伝えます。

④料金表POP…すべての料金表を掲示しましょう。また、回数券販売の「押し売り」が業界全体の問題になっています。回数券販売はPOPを見た患者の意思で行なうことを、弊社では推奨しています。

⑤期間限定POP…お盆等の臨時休診日、料金の変更等の事前告知に使用します。特に料金の変更等は重要な告知なので、口頭での説明も必要だし、最低1ヵ月前からの掲示を心がけましょう。

院のカラーに合わせた色遣いでパソコンで作成できれば、統一感が出せて院内の雰囲気もよくなります。もちろん、親しみ感のある手書きでも大丈夫です。また、POPは少しでも色あせたり破れたら、すぐに貼り替えるべきです。古いPOPには意味がないだけでなく、患者への気遣いが欠落していることを意味します。また、今はすでに必要がないPOPがあれば撤去しましょう。ぜひ、院内に掲示しているPOPの1枚1枚を今、チェックしてみてください！

[redacted]

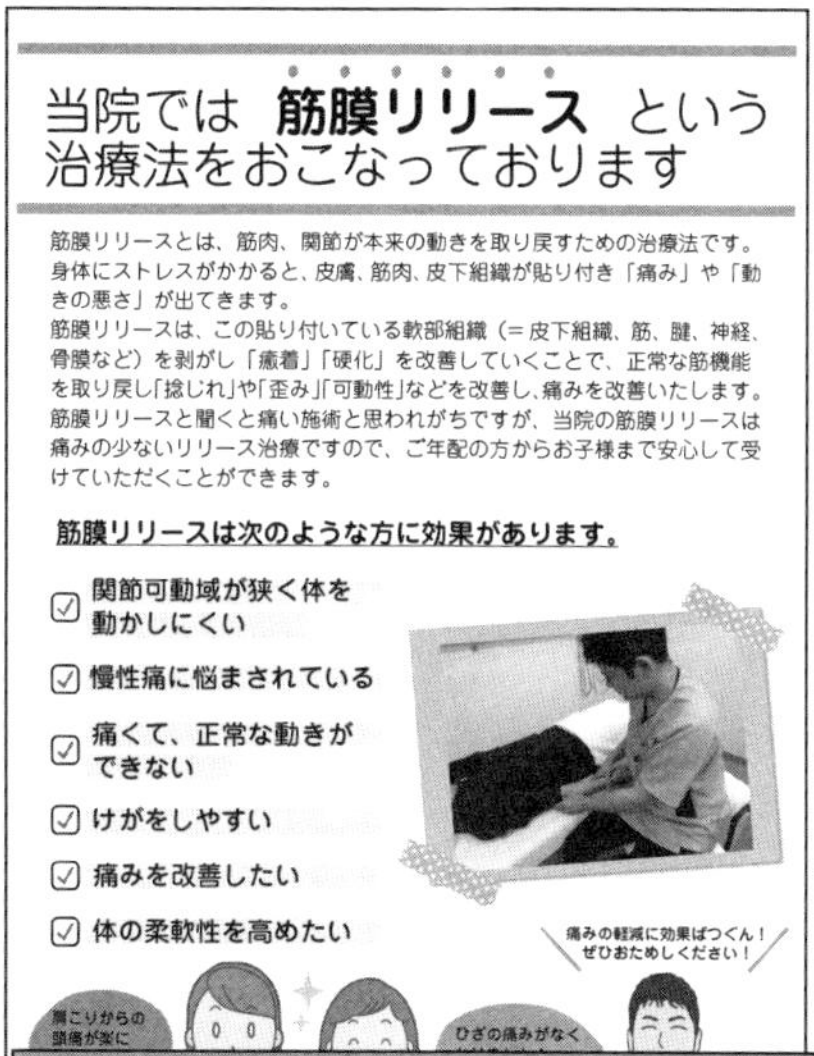

当院では 筋膜リリース という
治療法をおこなっております
筋膜リリースとは、筋肉、関節が本来の動きを取り戻すための治療法です。身体にストレスがかかると、皮膚、筋肉、皮下組織が貼り付き「痛み」や「動きの悪さ」が出てきます。
筋膜リリースは、この貼り付いている軟部組織（＝皮下組織、筋、腱、神経、骨膜など）を剥がし「癒着」「硬化」を改善していくことで、正常な筋機能を取り戻し「捻じれ」や「歪み」「可動性」などを改善し、痛みを改善いたします。
筋膜リリースと聞くと痛い施術と思われがちですが、当院の筋膜リリースは痛みの少ないリリース治療ですので、ご年配の方からお子様まで安心して受けていただくことができます。
筋膜リリースは次のような方に効果があります。
関節可動域が狭く体を動かしにくい
慢性痛に悩まされている
痛くて、正常な動きができない
けがをしやすい
痛みを改善したい
体の柔軟性を高めたい
痛みの軽減に効果ばつぐん！ぜひおためしください！

ご感想をお聞かせください
みんなの森整骨院では、
治療を受けられた
みなさまの
「患者さまの声」を
募集しています。
みなさまの「患者さまの声」は、こんな方に役立ちます
いただいた「患者さまの声」は、ホームページや院内掲示を通じて、
・身体に痛みがあるけれど、どこで治療をしたらいいかわからない方
・辛い症状を治すために、治療を頑張っている方への励ましのメッセージ
としてご紹介させていただきます！
院長 大杉 修示
いつもご来院ありがとうございます。
当院では、アンケートで施術のご感想をお聞きしています。
お書きいただいたアンケートは「患者様の声」として、
ホームページや院内掲示をしてご紹介させていただきます。
何卒ご理解ご協力のほど、よろしくお願い致します。

速報 あずさ整体院・鍼灸整骨院の
ロゴとキャラクターが誕生！！
はじめまして！ ボクは「バンブー」だよ。
あずさ整体院《せいたいいん》のキャラクターとして生《う》まれてきたんだ。となりにいるのは、「ハンちゃん」だよ。
これからいろんなところで顔《かお》を出していくので、「どうぞよろしくおねがいします」だよ。
バンブーくん
モデルになった方々

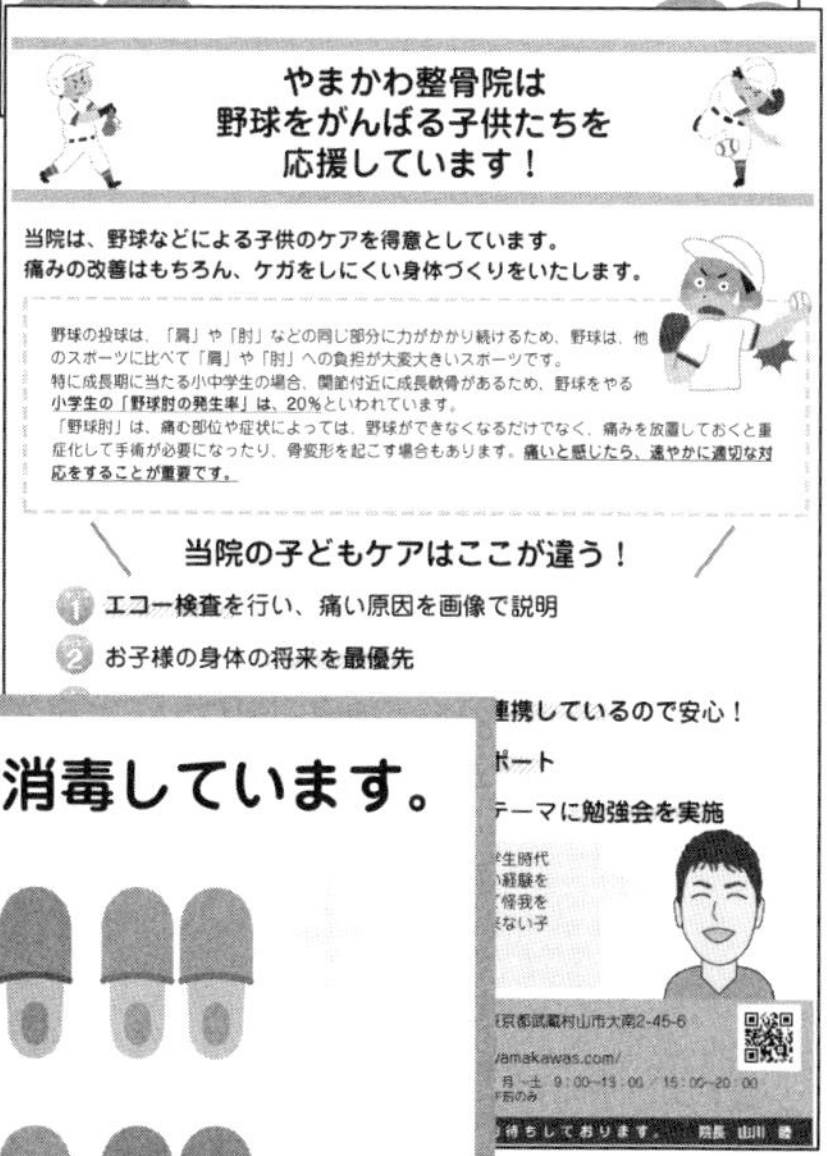

やまかわ整骨院は
野球をがんばる子供たちを
応援しています！

当院は、野球などによる子供のケアを得意としています。

痛みの改善はもちろん、ケガをしにくい身体づくりをいたします。

野球の投球は、「肩」や「肘」などの同じ部分に力がかかり続けるため、野球は、他のスポーツに比べて「肩」や「肘」への負担が大変大きいスポーツです。

特に成長期に当たる小中学生の場合、関節付近に成長軟骨があるため、野球をやる小学生の「野球肘の発生率」は、20％といわれています。

「野球肘」は、痛む部位や症状によっては、野球ができなくなるだけでなく、痛みを放置しておくと重症化して手術が必要になったり、骨変形を起こす場合もあります。痛いと感じたら、速やかに適切な対応をすることが重要です。

当院の子どもケアはここが違う！
1 エコー検査を行い、痛い原因を画像で説明
2 お子様の身体の将来を最優先
連携しているので安心！
ポート
テーマに勉強会を実施

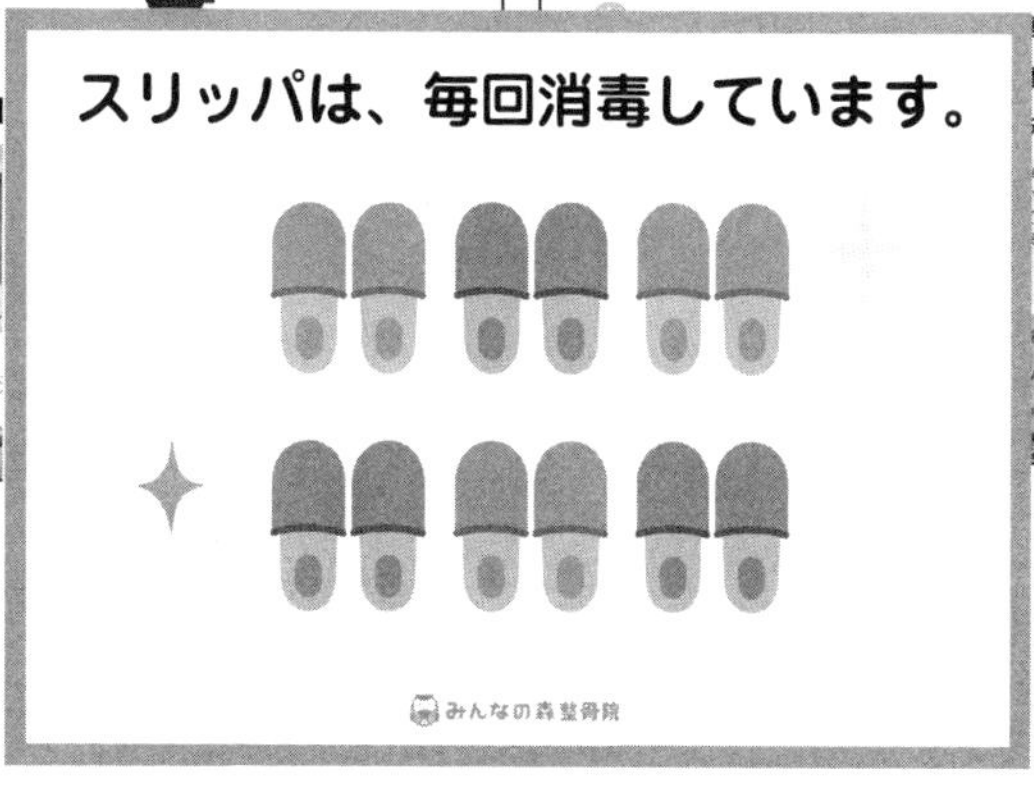

スリッパは、毎回消毒しています。
みんなの森整骨院

8 照明で院の雰囲気をガラリと変える方法とは？

治療院の照明は、明るさの基準の照度で言うと、750ルクスは確保したいものです（一般オフィスは750ルクスくらい、コンビニエンスストアは約1000ルクスくらい）。しかし、それより低い照度の院が散見されます。院内の、特に入口の待合エリアが暗いと入りづらいものです。これは心理学的な研究の中でも証明されています。

リラクゼーションサロン等にある照度を落とした照明演出は、内装にも接遇にもこだわった高級な雰囲気に限られ、難易度が高いのです。治療院的な内装で、しかも古い内装で暗めな雰囲気だと、さながら「お化け屋敷」です。

今はLED電球が主流になり、電気代のコストが抑えられるようになっているので、最低限の照度は確保しましょう。カーテンの色や壁のクロス、床などの内装によっても明るさは変わってきますが、蛍光灯はホコリが付きやすいので定期的に掃除するだけでも明るさが違います。ぜひ、明るさをチェックしてみてください。

さて、このような「明るさ」だけでなく、照明の活用の仕方しだいで院内の雰囲気をガラリと変えることができます。電球色蛍光灯（暖かい雰囲気になるオレンジ系の暖色の蛍光灯）を採用して、暖か味のある空間づくりを演出することができます。また、暖かさに加えて高級感も演出できるので、患者からの評判も非常によいのです。待合室は電球色蛍光灯、治療院内は白色蛍光灯、奥の鍼灸治療は照度を落とした間接照明の電球色蛍光灯を使用するといった、変化を加えた提案をすることもあります。また、外壁に間接照明を当ててライトアップして演出している院もあります。

ところで、患者が仰向けになって天井を向くと、蛍光灯の光がまぶしくて不快に思うことが多いものです。ルーバ（アルミ製の板を格子状にしたもの）や乳白カバー（プラスティックの乳白色のカバー）等といったまぶしさを抑える設備を導入し、患者さんがまぶしくないように蛍光灯の光を直接当てない対策を考える気配りも必要です。

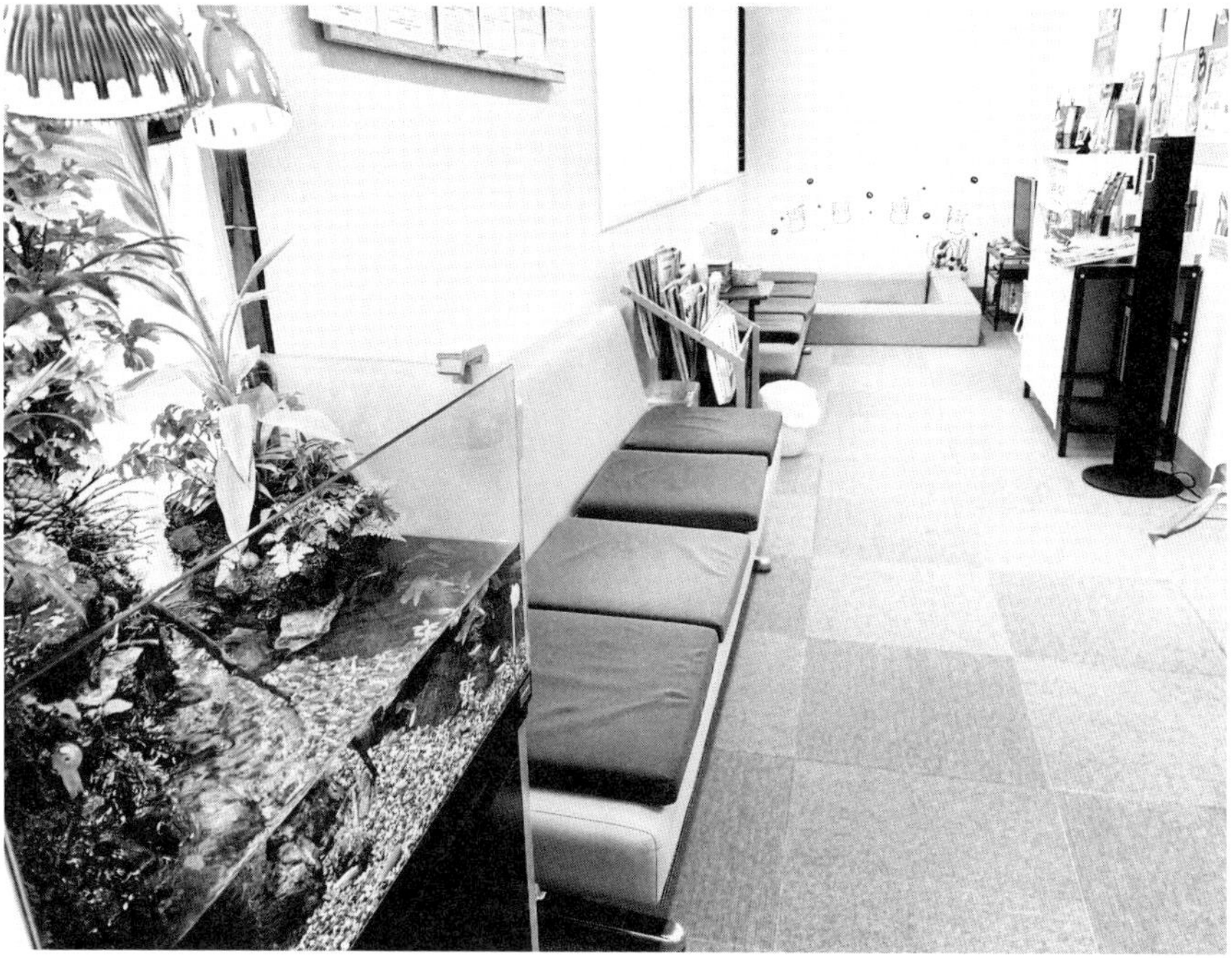

癒しの待合室（さきたま整骨院）

9

医療機器を活用した自費化の目安額とは？

医療機器のはたす役割が大きい院も多いかと思います。医療機器は、改善効果を目的としているのはもちろんですが、手技施術までの待ち時間として電療治療に当てるという目的も兼ね備えている院も多いと思います。

弊社のコンサルティング先の中には、医療機器の効果的な活用法を徹底的に研究して改善効果を出している院もあります。実際に私も、医療機器の販売会社から講演の依頼を受けることがあり、医療機器についての話を聞く機会もあるのですが、「医療機器の機能をしっかり把握して活用すれば改善効果を上げられることをご存じない治療院さんが多いのが残念です…」と、常々おっしゃいます。治療院は「手技で治す」ことがプライドでもあるとは思いますが、医療機器の開発にはエビデンスを取ることを含めて莫大な費用をかけた上で発売しているわけです。ですので、安定的に結果を出せる可能性が高いのは明らかで、医療機器を活用することで自費化することは高いハードルではないのです。

医療機器は高価なものから安価なものまで多岐にわたっていて、選択の幅が広いのですが、医療機器の販売会社から説明を受けて、自費として活用できそうな機器で、競合院と被らない医療機器を導入するのがベストです。医療機器での自費の価格帯は100円～1000円（価格設定は100円、200円、300円、500円、1000円）になり、手をかける時間や適応症によって価格を決めます。もちろん、たとえば自費治療費5000円のメニューの中で必ず医療機器を使用する形にするのもよいでしょう。

そして、医療機器で料金を取れるかどうかは、医療機器の「説明」です。POP等を作成して院内に掲示し、説明資料を使って口頭でもしっかり説明をする必要があります。たとえば自費で単価が100円上がると、1日来院数が40人で月間診療日数24日の治療院なら、年間で約115万円もの売上アップになります。100円上げただけでも、年間の売上げがこれだけ違って来るのです。ですから、単価アップの方法の一つとして医療機器を活用しない手はないと考えています。

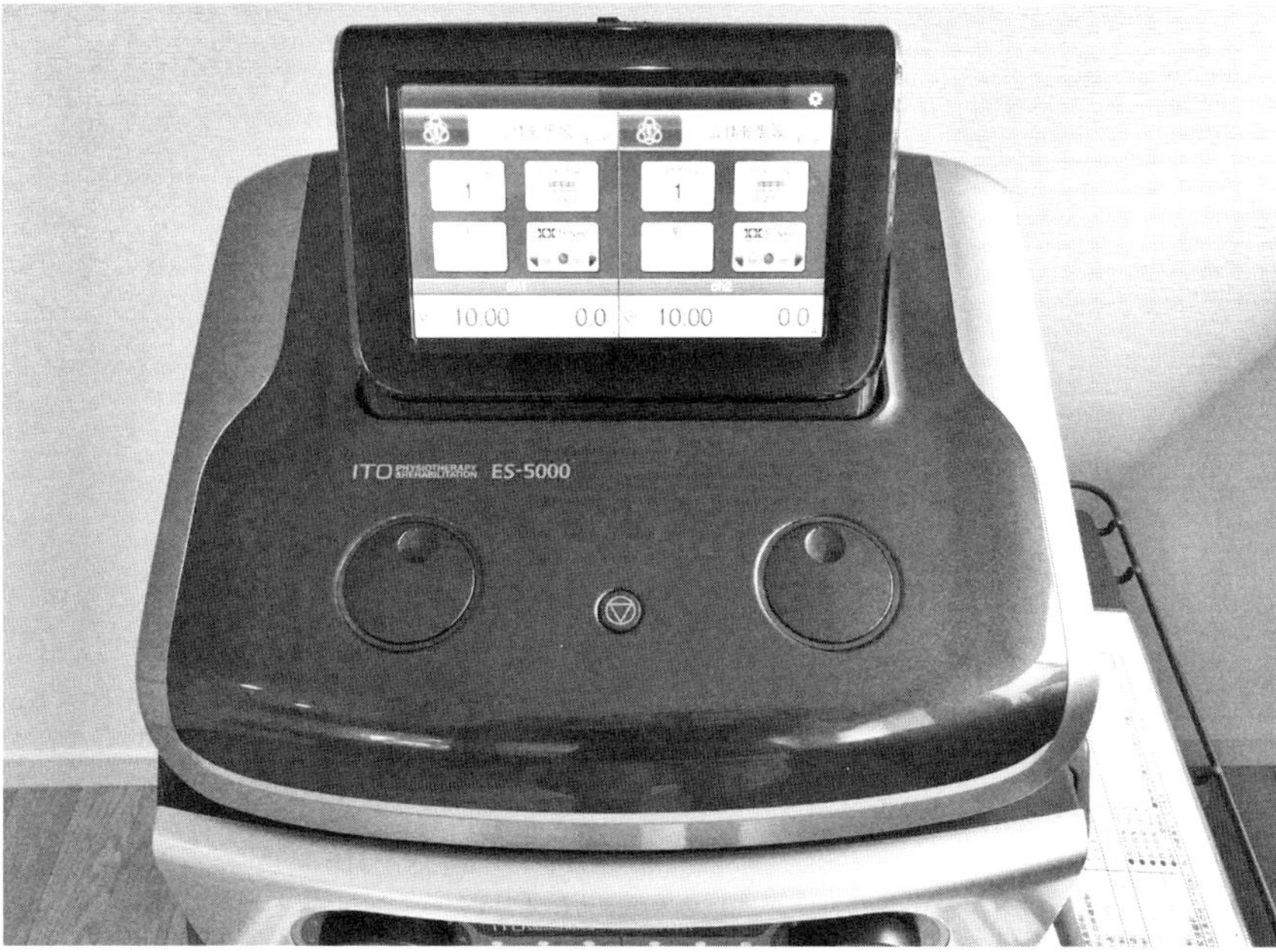

ES-5000

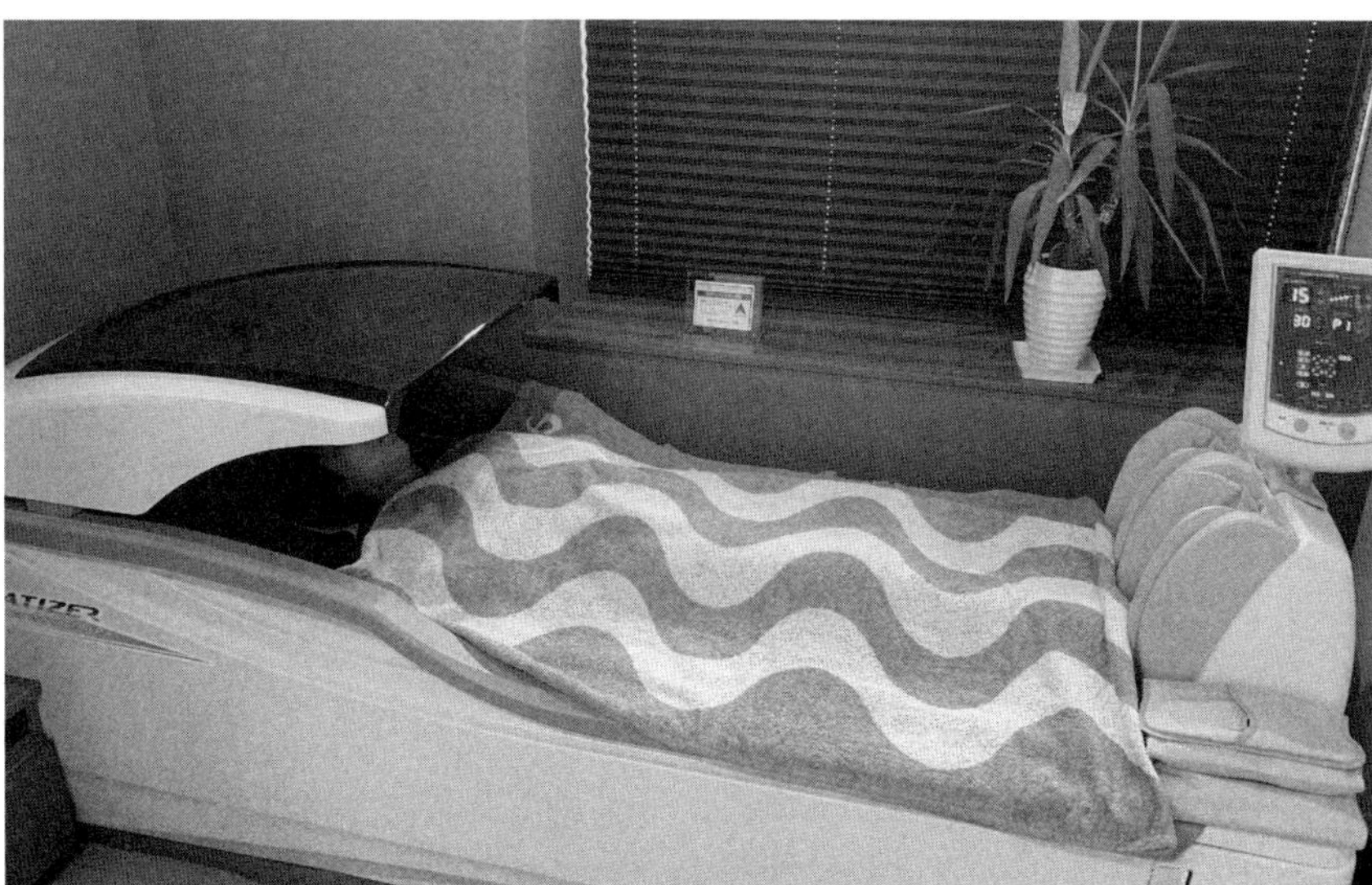

ウォーターベッド

10 クリンネス（清掃）での三つのポイント

「きれいで快適な院」と「あまり掃除が行き届いていない院」では、どちらに通い続けたいかと聞かれると、当然誰でも、前者を選ぶと思います。「清掃が行き届いていない院」＝「患者さんへの気配りが行き届かない」と思われても仕方がありません。

クリンネス（清掃）は、経営の基本です。清掃は「清め祓う」と言い換えることができるように、清掃には、汚れ・ホコリだけでなく、穢れや災厄を清め祓うという意味があると言われています。常に清潔できれいな院を維持するために、「クリンネスチェックリスト」を作成し、毎日クリンネスのチェックをしていくとよいでしょう。

以下に、具体的なクリンネスの内容を挙げてみましょう。

1．スリッパの消毒…患者さんが来院して、最初に意識が向くのがスリッパです。汚いスリッパは、とくに女性は嫌がります。夏場は素足の方が多いので、水虫などがうつらないか気になるものです。布製のスリッパは清潔さが保てないのでビニール製を採用すること、定期的にスリッパの入れ替えをすること、そして定期的な殺菌消毒をすることです。ＰＯＰで、「当院は消毒液で毎日消毒しています」などという掲示を必ず行ないましょう。

2．コロコロや除菌スプレーを使った「プチ清掃」…院内で、ちょっとしたチリなどがあった時や、患者さんがベッドを出た後に、コロコロ（粘着クリーナー）やコロナで必須となった除菌（アルコール）スプレーを使用して、「プチ清掃」を実践しましょう。

3．トイレのチェック…トイレは、数時間ごとにチェックする等、常に清潔さを保つ意識を持つことが不可欠です。特に、女性が快適にトイレを使うことができるような配慮が必要となります。綿棒、ティッシュペーパー（ペーパータオル）、除菌石鹸、あぶらとり紙などを設置したり、アロマ等での芳香対策を行なうとさらによいでしょう。また、トイレ擬音装置の「音姫」を設置されることをお勧めしています。

料金受取人払郵便

神田局
承認
6162

差出有効期間
令和４年11月
19日まで

郵便はがき

101-8796

511

（受取人）
東京都千代田区
神田神保町１－41

同文舘出版株式会社
愛読者係行

毎度ご愛読をいただき厚く御礼申し上げます。お客様より収集させていただいた個人情報は、出版企画の参考にさせていただきます。厳重に管理し、お客様の承諾を得た範囲を超えて使用いたしません。メールにて新刊案内ご希望の方は、Ｅメールをご記入のうえ、「メール配信希望」の「有」に○印を付けて下さい。

図書目録希望	有	無	メール配信希望	有	無

フリガナ お名前		性　別 男・女	年　齢 才
ご住所	〒 TEL　　　（　　　）　　　Ｅメール		
ご職業	1.会社員　2.団体職員　3.公務員　4.自営　5.自由業　6.教師　7.学生 8.主婦　9.その他（　　　　　　）		
勤務先 分　類	1.建設　2.製造　3.小売　4.銀行・各種金融　5.証券　6.保険　7.不動産　8.運輸・倉庫 9.情報・通信　10.サービス　11.官公庁　12.農林水産　13.その他（　　　　）		
職　種	1.労務　2.人事　3.庶務　4.秘書　5.経理　6.調査　7.企画　8.技術 9.生産管理　10.製造　11.宣伝　12.営業販売　13.その他（　　　　）		

愛読者カード

書名

◆ お買上げいただいた日　　　　年　　月　　日頃

◆ お買上げいただいた書店名　（　　　　　　　　　　　）

◆ よく読まれる新聞・雑誌　（　　　　　　　　　　　）

◆ 本書をなにでお知りになりましたか。

1．新聞・雑誌の広告・書評で　（紙・誌名　　　　　　　）

2．書店で見て　3．会社・学校のテキスト　4．人のすすめで

5．図書目録を見て　6．その他（　　　　　　　　　　　）

◆ 本書に対するご意見

◆ ご感想

●内容	良い	普通	不満	その他（　　　　）
●価格	安い	普通	高い	その他（　　　　）
●装丁	良い	普通	悪い	その他（　　　　）

◆ どんなテーマの出版をご希望ですか

クリンネスチェックリスト	
1	院内の照明、蛍光灯の切れはないか
2	院内に不要な放置物はないか
3	ガラス面はきれいに拭かれているか
4	受付台や机にホコリはないか
5	受付台や机にある置物にホコリが被っていないか
6	棚にホコリはないか
7	医療機器にホコリはないか
8	観葉植物の葉にホコリはないか、水やりはしたか
9	空気清浄器の内部フィルターにホコリはないか
10	加湿器の内部は清潔か、また水は補充されているか
11	本・雑誌・マンガ等は整理整頓されているか
12	材料類（湿布、テーピング、包帯等）のストックは補充されているか
13	カルテは整理整頓されているか
14	玄関マットは汚れていないか
15	靴箱の清掃はしたか
16	スリッパの拭き上げはしたか
17	入口周辺の清掃をしたか
18	傘立ては整理されているか（長期間放置された傘はないか）
19	洗面台、鏡はきれいか
20	院内全体の掃除機はかけたか
21	トイレ便器の清掃はしたか
22	トイレ床の拭き掃除はしたか
23	トイレットペーパーは補充されているか
24	トイレットペーパーの在庫はあるか
25	トイレの液体石鹸は補充されているか
26	トイレのタオルは交換したか
27	トイレチェック表は決められた時間に清掃担当者によるサインがされているか
28	駐車場にゴミ等が落ちていないか、草は生えていないか

6章

リピート率を上げ、紹介を増やした院が実践している鉄板法

1

患者の継続来院を促すことはいいのか悪いのか？

新患に継続的に通院いただくことは、院経営として重要なことです。私はこれまで、数多くの治療院と関わってきましたが、一発で改善できる急性の症状や数回で改善できる軽度の症状もありますが、重症な場合は定期的な継続来院が必要となります。

しかし、「患者の継続来院」という表現は、「経営のために不必要な来院を促している」という見方をされる方も多いのではないでしょうか？

また、各院で施術方法や施術の目的はまちまちだし、中には「私には治せる施術技術があるから、多くても数回の施術で十分で、継続的な通院は必要ない」とおっしゃる方もいます。その考え方を否定はしませんが、人間の体は常にさまざまな負荷がかかっているので、身体のバランスは不可抗力で崩れるものです。継続的な施術によって症状が悪くならない身体づくり、そしてさらによいパフォーマンスを出せる身体づくりの提案はするべきだと思います。

私自身も、出張による移動やパソコン使用による肉体疲労と精神的ストレスが多い仕事に身を置いているので、定期的に治療院に通っているお陰で、元気で健康な状態を保つことができていると確信しています。

少なくとも、患者がどのレベルまでをあなたの院に期待しているのか？　を把握し、そして、どのレベルまで期待してよいのかをしっかりと伝える必要があると思います。患者との信頼関係を作って、身体と心の「かかりつけ治療院」になることが理想だと考えています。

初診のきっかけは、何らかの強い動機で来院しているはずです。まず、しっかり改善の結果を出し、あなたの院を信頼してもらい、身体の専門家としてのアドバイスをしながら、身体をメンテナンスして「患者に継続的な健康を提供する」という考え方は重要だと思います。

誰しも、肉体的にも精神的にも健康であり続けることが、豊かな人生につながると思っています。治療家は、健康を提供する、世の中に必要で重要な仕事だと私は確信しています。

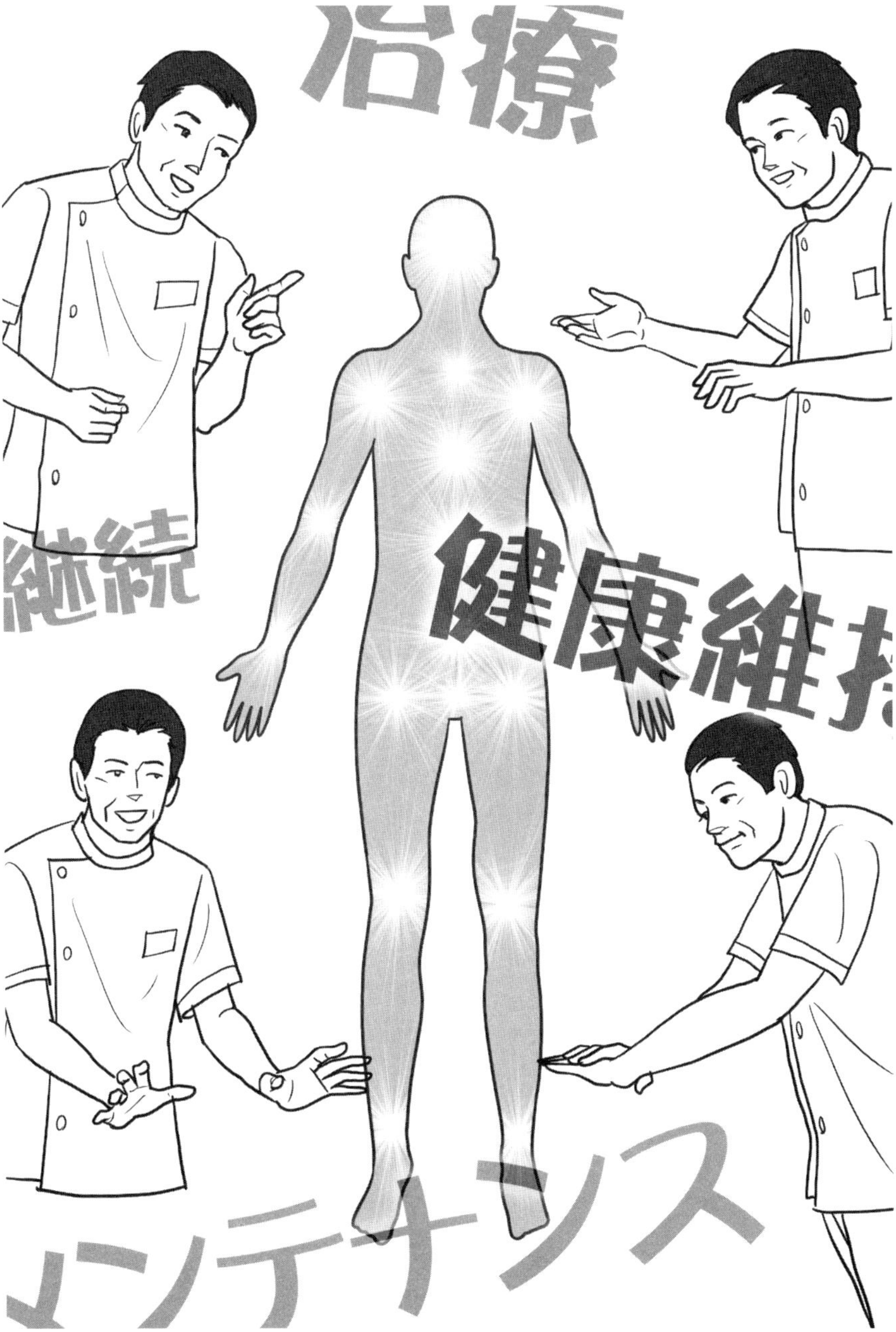
治療
継続
健康維
ンテナンス

2 「施術計画書」のメリットと活用方法

治療院経営にとって重要なことの一つは、新患に対して次回の来院を促し、再来につなげることです。口頭で、次回の来院を促すことを実践されている院も多いと思いますが、目で見るビジュアル情報と耳で聞く情報では雲泥の差があります。高齢者になると、聞いたことだけでなく、ビジュアル情報でさえ忘れがちになります。また、自閉スペクトラム症の方は、耳からの情報の理解が十分できないことが多いと言われていて、ビジュアル情報が望ましいのです。そこで、私が治療院経営のサポートをさせていただいている中でも、最もローコストかつ効果が高いリピートツールが「施術計画書」です。

施術計画書とは文字通り、今後の施術計画を文書化したものです。具体的な内容は、①次回の来院日、②来院頻度の目安、③日常生活の注意点、④運動する上で注意すること、⑤その他一般的な注意事項、⑥施術期間の目安、です。初診日に受けた施術以外にお勧めしたい治療があれば、それを記入します。

施術計画書の記入は、慣れてくれば1分もかかりません。施術計画書は、患者に対する日常の生活の中で注意すべきことなど、一般的な健康に対することを記載することと施術期間と目安のみを記入している点がポイントです。

病名や負傷部位などを記入すると、他の病院や、整形外科などに、万一患者さんが見せてしまった場合などに後で問題になる場合がありますが、生活上の一般的な注意点の記述にしておくと、予防的な内容となるので問題はありません。

施術計画書を作ることのメリットとしては、①来院を患者さんに確定させることによる再来率のUP、②文書として持って帰っていただくことで、再来に対する強制力が増す、③患者が最も気になることの一つである施術の目安の期間を示すことで信頼感が増す、④施術計画書が患者さんの知人などが話のネタとして口コミになり、紹介の獲得が狙える（院内パンフレットやチラシなどを添えて渡す）ことにあります。

本日はご来院いただきありがとうございました。

施術計画書

年　　月　　日

＿＿＿＿＿＿＿＿＿＿＿＿様

1　次回の来院日は　　　月　　　日です。

2　来院の目安は　　よくなるまで毎日
　　週　　回　　　月　　回

3　日常生活で注意していただくこと
　　入浴　　制限なし　　（　　　　　　　）
　　飲酒　　制限なし　　（　　　　　　　）

4　運動する上で注意していただくこと
　　中止　（　　　　　　　）
　　制限　（　　　　　　　）
　　制限なし

5　その他一般的に注意していただくこと
- ◇ 同じ姿勢をとりすぎないでください。（ドライブ、デスクワーク等）
- ◇ 立ったり座ったりの繰り返しの動作は控えて下さい。
- ◇ 重いものを持ったり、運んだりの動作は控えて下さい。
- ◇ 冷やさないようにしてください。
- ◇ 1時間に5分くらいは休みを！
- ◇ 思い出したらストレッチをゆっくりして下さい。

6　回復の目安は
　　だいたい（　　　　　　　）くらいかかります。

※ 計画的に施術いたしますので、ご安心下さい。また指示に従っていただいて早くなおるようにお互いがんばりましょう。

○○治療院
院長　○○　○○

〒000-0000　東京都千代田区○○○○○○
TEL：(00)0000－0000

3 問診票に盛込む項目と、問診時の注意点とは？

初診時の検査・問診に入る前に記入してもらうのが問診票です。問診票は、患者が来院した動機の記入を目的にしています。

施術する上で、病歴の記載や現在の通院状況等の情報は不可欠になりますが、記入しやすいように工夫することが重要となります。

患者の情報を最大限に入手する方法は、選択制を多用して「イメージ」を患者に与えることです。自由記入の空欄のオープン質問が多いと、いざ「今書いてください」と言われても出てきません。

実際、選択制のほうが、問診の時間を短縮することができます。また、人体図は必須です。文字による選択肢よりも、人体図に○を付けて記入してもらう方式のほうが、患者さんにとっては記入しやすいからです。症状の強さを1～10の10段階の数字で人体図に記入してもらうと、より検査・問診がスムーズになります。

また、弊社では2回目、3回目など、初診時以外でも問診を取ってもらうように提案しています。多くの治療院では、初診時には患者に検査・問診をじっくりして患者の状態把握と提案を含めたコミュニケーションを図りますが、2回目以降になると、初診時の患者とのコミュニケーション量が大きく減り、初診時との落差が大きくなりがちです。

そして、少し考えてみてください。初診時はかなり膨大な情報を患者は受け取っています。自分の症状、施術内容、通院頻度、そして院の情報などなど。しかもこれは、あなたから発した情報です。しかし、初診時の患者は、初めての場所で、初めてあなたやスタッフに会っています。何が始まり何が起こるかわからない、初体験をしているわけですから、情報量が膨大で、あなたとの会話や説明は、ビジュアルを使った説明でも記憶に残らないことが多いのです。

ですから、初診時に伝えた話は覚えていないという前提で、2回目来院時は接したほうがよいくらいだと思っています。

問　診　票

年　　月　　日 現在　　　　　　　　カルテ No.

フリガナ
お名前　　　　　　　　　　生年月日 M・T・S・H　　年　　月　　日（　　才）　男・女

〒
ご住所　　　　　　　　　　TEL.　　（　　）

●今お悩みの症状をお選びください。（複数可です）

□腰痛　□肩痛　□肩関節痛　□股関節痛　□ひざ関節痛
□冷え性　□生理痛　□背中痛　□スポーツ傷害　□神経痛
□骨折　□脱臼　□その他（　　　　　　　　）

●いつから痛みますか。

〔今日・昨日・おととい・１週間前ごろ・２週間前ごろ
３週間前ごろ・１ヶ月前ごろ・それ以前から〕

●原因は何だと思われますか。（複数可）

□立ち上がったとき　□重い物を持ったとき　□寝ているとき
□腕をあげたとき　□腰をおろしたとき　□階段を昇り降りした時
□運動していたとき（スポーツ名：　　　　　　　　）
□その他（　　　　　　　　）

●（女性の方のみ）妊娠されていますか？　　はい　・いいえ

●最も痛みを感じるのを「１０」、痛みがないのを「０(ゼロ)」として、下の人体図で痛いところに「１～１０」を記入してください。

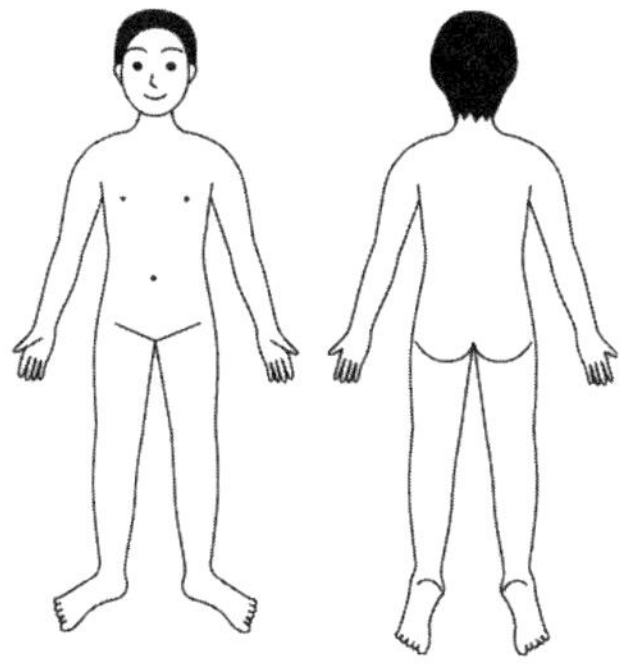

●今回の痛みで他院を受診されていますか？
はい　・　いいえ

⇒「はい」の方は、どちらに受診されていますか？
（医療機関名：　　　　　　　　）

●現在お飲みになっているお薬はありますか？
あり　・　なし
⇒「あり」の方は、どのような薬ですか？
（　　　　　　　　）

●過去に手術の経験はありますか？
あり　・　なし

●来院のきっかけを下記からお選びください。（複数回答可）

□ご紹介で（　　　　様）　□評判をきいて
□ホームページを見て　□エキテンを見て　□ＳＮＳを見て（ Twitter　Facebook　Instagram ）
□Google マップを見て　□チラシを見て　□看板をみて
□その他（　　　　　　　　）

4 その検査・問診・説明で患者は納得しますか？

検査・問診は、症状改善にとって最も重要なプロセスです。患者が訴える症状に対して的確に検査し、診断できるかどうかで、症状改善はほぼ決まると言っても過言ではありません。

弊社のコンサルティング先で、新患の検査・問診・説明時間が5分～10分と極端に短いのに、患者が「納得」し、改善結果も劇的に出せる先生がいらっしゃいます。これまで数多くの問診を見てきましたが、問診開始から患者の「納得」までがものすごく速いので、その速さの秘訣は何かをたずねたところ、「痛みの原因の見極めが早いから」とのことでした。

「時間をかけて問診してもらって満足」「長い時間施術してもらって満足」な患者ももちろんいるでしょうが、「素早く痛みの原因を突き止め、短い時間で施術が終わる」ほうが「先生すごい！」「神だ！」となりやすいのです。

また、高齢者など暇を持て余している方をターゲットとする経営戦略の治療院ならよいのですが、忙しいビジネスマン・OL・主婦・経営者（自費でもお金を出せる層）、そして辛い痛みを取ってほしい人は時間をかけた検査・問診・説明・施術は望んでいない方が多いのです。短い時間で症状を軽くしてくれる治療院でないと通い続けられない忙しい人や、辛い痛みが軽くなるならいくらでも払うという人が、自費でもお金を払う人なのです。

患者がどのような症状で悩んでいるか、どうしてほしいのかを把握した上で、今の身体の状態の解説と、それを改善する施術内容に対して「納得」してもらうことが不可欠です。

つまり、患者から「この人だったら信頼して施術を受けてみよう！」と思ってもらえるかどうかがポイントなのです。

ここまで3回「納得」というコトバを使いました。患者の理解した、わかった、聞いたではなく「納得」を得るということが重要なのです。逆に、問診で患者が「納得」していなければ、受け入れてもらえていないということになるので、症状改善がうまくいかないものです。

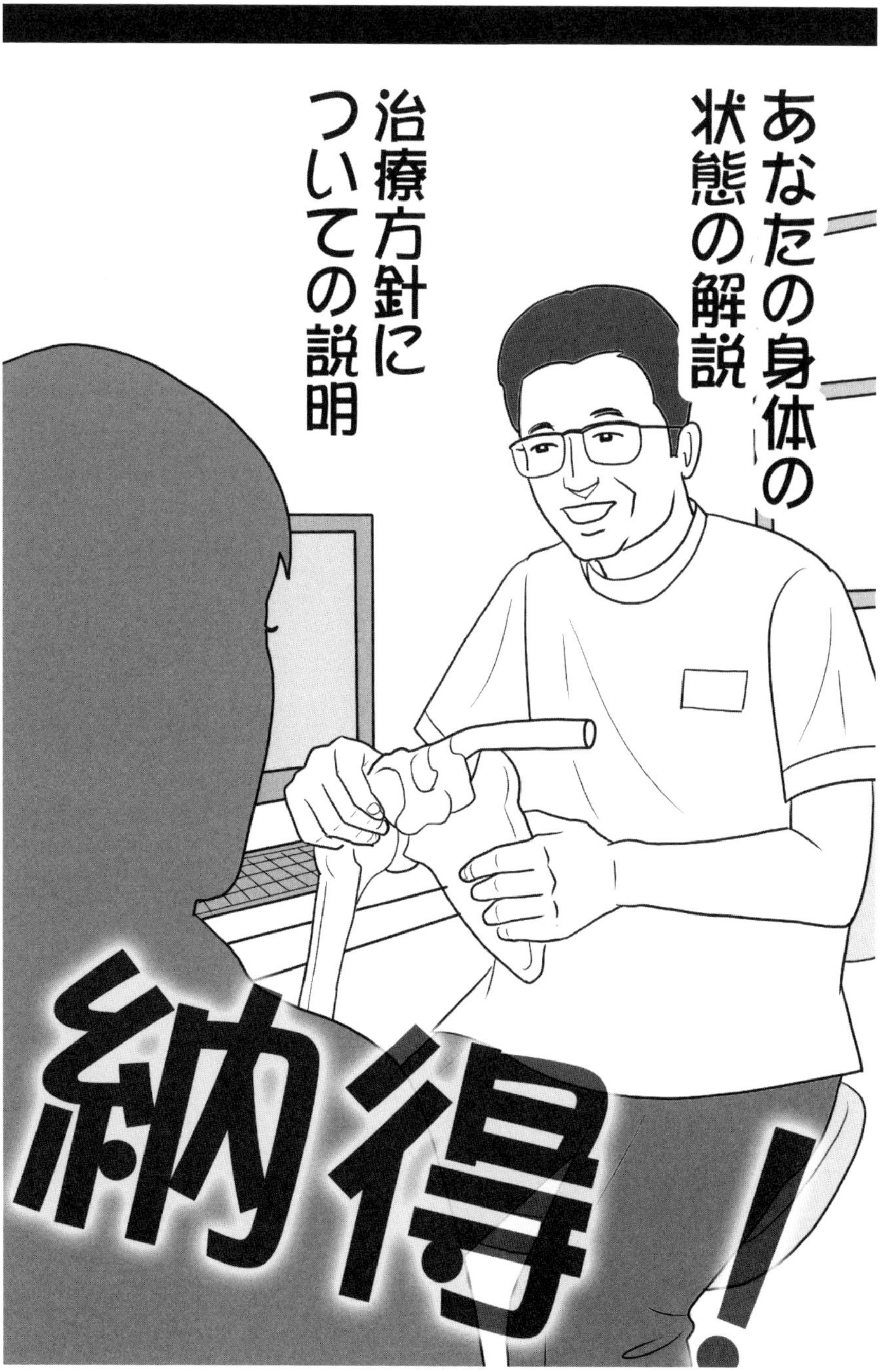
あなたの身体の状態の解説
治療方針についての説明
納得！

5 患者との「真のラポール形成」はできていますか？

検査・問診・説明・施術という、治療家が担う一連の患者との関わりの中で不可欠なのが、患者とのラポール形成（あなたと患者との「心が通い合っている関係＝共感」づくり）です。

患者とのラポール形成をマスターするのは、簡単なことではありません。ラポール形成が苦手な方もいらっしゃると思います。心理学を用いてラポール形成について学ばれる方も多いですね。

私も長年、経営コンサルタントをしてきたので、ラポール形成が一番大事だと思って仕事をしてきたつもりです。私の感覚では、ラポールは、学んで実践できるとは思いますが、特に「空気を読むのが苦手」という方にとっては、意識して学んで身につける努力が必要と感じています。

患者とのラポール形成がうまくできているかどうかわからない方は、最も身近な方とのラポール形成で判断できます。はい、家族、そして共に働くスタッフです。家族・スタッフとのラポール形成ができていないと感じる方は残念ながら、患者とのラポール形成もできていません。

ラポール形成にとって重要なことは、患者の症状への共感、患者の悩み・不安要因の受け入れです。多くの患者は、症状の原因は？　重大な病気ではないのか？　症状が改善するのか？　改善するならいつなのか？　いつまで通えばいいのか？　等といったことに不安を感じています。

「あなたが不安になっていること、ちゃんとわかっていますよ。私が言うとおりに通院すれば大丈夫。一緒に頑張っていきましょうね」という思いが伝わるのが治療院でのラポール形成です。「私の施術技術があなたの症状を治すから、ちゃんと私をわかってね。私の言うとおりに通院すれば、私が頑張るんでついてきて」では、ラポール形成がありません。

患者は、あなたと心が通い合っている共感状態が通院している間中続いていたら、症状がなくなっても定期的に通院するか、症状がぶり返したら再び来院されます。

ラポール形成
いっしょに頑張って
いきましょう！
私の不安を
わかってくれてる！

6 予約なしと予約制のメリット・デメリットとは?

治療院の多くは予約優先制、または完全予約制を採用されていると思います。整骨院の中でも、施術スタッフが多い院や短時間施術ができる施術法の場合では、予約なしで来院できる「自由来院制」を採用している院が多かったのですが、近年は自費の割合が高まる中、整骨院でも予約優先制に移行することが多くなりました。

予約なしの自由来院制にしている院のメリットは、患者の都合のよい日時に行くことができるという気軽さです。患者としては予約を取ってしまうと急な予定の変更がしづらいし、その時に連絡が必要だし、治療院に申し訳ないので、気になるからイヤだという方が一定数います。予約なしの最大のデメリットは、混雑時に待ち時間が長くなることです。待ち時間が長いとリピートが難しくなります。そして、次回の来院指導が甘くなりがちなので、リピート率が低下しやすいということです。待ち時間が長時間になるのをなるべく避けるためにも、SNSで混み具合を1日数回配信したり、先週の混み具合いを時間別に表にした「混み具合表」を院内に掲示するなどの混雑情報の提供をすることが望ましいです。また、コロナ禍によって予約制移行がさらに進んでいて、ほとんどの治療院が予約制になっています。

予約制のメリットは、次回以降の予約日時を決められるので、治療院側としては施術計画に基づいた来院指導が可能になるとともに、リピートの確約ができます。

3日~1週間先まで予約でほぼ埋まる状態が作れると、予約日時決めが難しくなる一方で、予約で埋まっている「人気院」ということが伝わるし、「ないものが欲しくなる」心理が働き、「何とかして予約を入れたい」という気持ちになり、予約がさらに埋まりやすくなります。

デメリットはキャンセルですから、キャンセル率を少なくするための対策が必要不可欠です。キャンセルが出ると、施術を必要としている他の患者が困ること等をPOPで掲示しましょう。しかし何よりも、前項で伝えた患者とのラポール形成が、やはり一番のキャンセル防止対策になります。

[redacted]

先週の混雑状況

	15日 月曜	16日 火曜		18日 木曜	19日 金曜	20日 土曜
午前スタート	◎	◎		◎	◎	◎
9時〜	◎	◎		◎	◎	○
10時〜	△	○		○	◎	○
11時〜	○	◎		◎	◎	◎
12時〜	△	△		△	△	△
午後スタート	◎	◎		◎	◎	○
15時〜	◎	○		◎	◎	△
16時〜	◎	◎		◎	◎	◎
17時〜	◎	◎		◎	○	◎
18時〜	◎	◎		◎	◎	◎
19時〜	○	○		○	○	○

◎ ･･･ 1時間当たり患者数4人以下**（かなり空いてます）**
○ ･･･ 1時間当たり患者数8人以下
△ ･･･ 1時間当たり患者数15人以下
× ･･･ 1時間当たり患者数16人以上

予 約 表

＿＿＿年

	＿（月）	＿（火）	＿（水）	＿（木）	＿（金）	＿（土）
9:00						
9:20						
9:40						
10:00						
10:20						
10:40						
11:00						
11:20						
11:40						
12:00						
12:20						
12:40						
13:00						
15:00						
15:20						
15:40						
16:00						
16:20						
16:40						
17:00						
17:20						
17:40						
18:00						
18:20						
18:40						
19:00						
19:20						
19:40						
20:00						

7 健康情報のコンテンツづくりと提供方法のポイント

治療院業界は、「健康ビジネス」です。今や、健康に関する情報が溢れているのが現状で、「どの情報が正しいのかわからない」という状況になっている中、あなたの院から「健康アドバイザー」として、常に健康に関する情報提供を行なうことで、患者のリピートや紹介につなげることができます。

具体的には、「ニュースレター」や待合室に設置する「院案内ブック」などが挙げられます。「院案内ブック」では、院長・スタッフのプロフィール、自院の施術方法や特徴、患者の声などを掲載します。「ニュースレター」や「院案内ブック」を独自に制作するのは難しいという方も多いと思いますので、まず制作したいのが、「院長・スタッフプロフィール」です。その後に、「院案内ブック」を制作しましょう。

プロフィールづくりは、治療家になったきっかけや経歴と施術に対する思い、患者に対する思いをまとめるとよいでしょう。また、施術方法をやや詳細に、かつ患者にもわかりやすく表現できればベストですが、レイアウト等は気にせずにとにかくまず書いてみることです。スタッフのことと施術内容については患者も知りたいし、患者の声は定期的な収集をお勧めします。また、「ニュースレター」は代行業者もあるので活用してもよいし、独自に作成するならA４両面の年４回発行でもよいかと思います。

また、治療院からの健康に関する情報提供としてインターネット上でのブログや、SNSで行なうことも有効です。インターネット上で配信した健康情報を数回分まとめて「ニュースレター」にして院内で患者に渡すようにしてもいいでしょう。

冒頭でもお伝えした通り、健康情報はテレビ、新聞、雑誌、本、そしてインターネット上で溢れ返っています。ですから、意見が真逆の健康情報のどちらを信じたらいいのか？　という迷いの中にいます。常識を覆す健康情報は強烈なファンもつきますが、逆に常識的な方には怪しまれるので、提供する健康情報コンテンツの取捨選択には細心の注意が必要です。

現在の日本人が身体の不調に悩む 3つの原因

① ビタミン不足

近年、食生活の変化により、1日に必要とされる栄養に偏りが生じ、特に、ビタミンを必要量摂取できている人は、非常に少なくなっています。

また、日本の野菜等に含まれるビタミン量も減少しており、食事から補うことが難しいのも実情です。

② ミネラル不足

同様に、鉄・亜鉛・マグネシウム・カルシウムをはじめとするミネラルも、日本の野菜等では不足しています。ミネラルの不足は、老化や細胞組織の修復不全などを促進し、最終的には全身の病気やトラブルなどにつながる危険性があります。

③ 酸素利用効率の不足

意外と知られていないのが、「酸素の利用効率の悪さ」です。酸素そのものは十分に細胞まで運ばれますが、細胞組織がその酸素をうまく利用できず、無酸素で栄養素を分解すると、乳酸がたまりやすくなったりして、「疲れを強く感じる」「疲れが抜けない」という状況に陥ってしまいます。酸素の利用効率を高めるには、ビタミンB12をはじめ、いくつかのビタミン群を適切な配合で摂取することが必要となります。

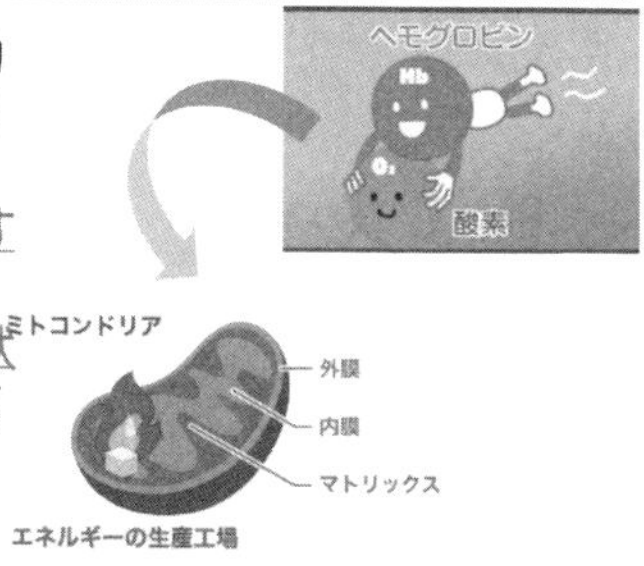

8 新患への「初診ハガキ」はこうつくる

初診患者に対して、ダイレクトメール（以下DM）を送ることで再来を促すことができます。ここではDM、特にハガキの活用方法についてお伝えします。

①名簿について…郵送物を送るには、送付先名簿が必要です。しかし多くの会社は、この名簿の入手にたいへん苦労しています。会員カードやアンケート等を作成して、購入いただいたお客様や、景品などのプレゼントの宛先として記入してもらいます。また、中には名簿業者から名簿を購入するところも多く、たいへんな労力と資金を使って名簿を入手しています。しかし、とくに整骨院で言えば、保険請求の仕組みがあるため、本人の氏名、住所だけでなく、年齢、生年月日までが容易に入手できます。他業界から見ると至れり尽せりの名簿が持てると言っても過言ではないのです。ですので、この精度の高い名簿をより効果的に使い、再来、紹介につなげていこうということです。

②「初診来院ハガキ」のポイント…俗に、サンキューレターと言われているもので、作成のポイントとしては、(i)施術後の経過について、気遣いの一言、(ii)施術内容のコメントと早く治すための注意点など、(iii)接遇の際、患者さんと話した会話の内容に触れる、(iv)再来のおさそい、おすすめ施術の提案など、(v)健康な生活を送れるようにともに努力しましょうの一言、等を盛り込んで、手書きにて、1日も早く健康を回復するためにともに努力する気持ちを、親しみを込めて書けば、その気持ちは必ず患者に伝わるはずです。

今やコミュニケーションツールとしてEメールやLINE公式といった電子媒体の活用が主流になっています。

もちろん、これらも活用していくほうがよいのですが、その中でのアナログな手書きのあるハガキが送られてくると、患者の心にひときわ響くものになります。特に最近は手書きのハガキが送られることがまれなのでより心に響くと思います。弊社で昔から一貫して重要なツールとして提案しているものの一つです。

お身体の調子はいかがですか？

先日は、多くの治療院の中から
「みんなの森整骨院」をお選びいただき
誠にありがとうございます。

その後のお身体の調子はいかがでしょうか？
症状や治療内容等でお気づきの点などございましたら、
お電話や次回御来院の際にお知らせください。
暑さ（寒さ）きびしい折、くれぐれもご自愛くださいませ。

院長　橋本　将吾

みんなの森整骨院　元町通院

予約優先制　078-351-7486

〒650-0022　兵庫県神戸市中央区元町通6丁目3-19 元町レジデンス2階

9 紹介患者への「紹介お礼ハガキ」はこうつくる

多くの治療院の新患のきっかけの中心は、「紹介」だと思います。紹介をしていただける患者は最もありがたいものです。

なぜなら、新患獲得のためには、ホームページ制作、PPC広告、チラシ、看板などといった販促コストがかかります。さらに、ホームページ・エキテン・Googleマイビジネス・ブログやSNSに掲載する文言等を考えたり、インターネット上の患者の声の投稿をお願いする、患者の声をいただいて加工して掲載する等といった労力が発生しています。しかし、紹介はコストも労力も「ほぼゼロ」だからです。

「紹介」は、最もローコストで患者数を増やし売上げを上げてくれる重要なものだということを理解してください。しかも、実は紹介をする人というのは、決まっているのです。弊社のコンサルティング先のどの治療院で調べても、紹介する人は全患者の数%です。あなたの院でもそのようになるはずです。紹介を増やすためには、診察券と同じサイズの「紹介カード」の活用を提案しています。対応できる症状名を列挙するなどしておくとよいでしょう。また「紹介が一番ありがたい」ことを定期的に患者に伝えましょう。

また、弊社では「紹介」をいただいた患者にはご紹介いただいたことに対して、感謝の意を表わすために必ずお礼のハガキを出すように、昔からアドバイスしています。

内容は、紹介された方に誠意をもって施術をすることを盛り込むことです。また、施術が終了した時もそのことのお知らせを紹介者に送るとさらによいでしょう。

「紹介者の来院時にお伝えできれば大丈夫ではないでしょうか？」という質問も過去にありましたが、いつ来院するかわからないし、確実に伝えるには、ハガキで送ることでルールを決めておくのがベストだと考えています。紹介した患者は、紹介したことに対して不安を抱くものなので、経過の報告を受けることで、安心して今後も他の人も紹介してもらえるようになります。

ご紹介ありがとうございました

様

このたび患者　　　　　　　　　様を当院にご紹介いただきましてありがとうございました。

　　　　　　　　　様が一日も早く健康なお体を取り戻せますよう、施術に全力を尽くさせていただきます。

簡単ではございますが御礼を兼ねてご報告させていただきます。

院長　諸隈　将

みんなの森®整骨院　雲仙みずほ院

予約優先制　0957-60-4462

〒859-1216 長崎県雲仙市瑞穂町古部乙 812-2

10 1ヶ月以内の来院を促すフォローはこうする

治療院経営で重要なことは、患者にリピートをしてもらい固定化することです。ここでは再来促進の具体的な方法を挙げてみましょう。

①「初診来院ハガキ」を出す、

②初診時に口頭にて次回の来院を促したり、日時を予約して帰ってもらう、あるいは「施術計画書」を渡す、

③「ニュースレター」などを発行する、

④電話にて再来を促す、

⑤初診日からもうすぐ1ヶ月経つ旨のハガキを出す。

この中で、「④電話にて再来を促すこと」に抵抗を感じる方も多いと思いますが、「○○さん、2週間経ちましたが、あれからご体調はいかがですか？　心配になって電話しました」という感じで、「心から患者さんを気遣った」電話をするということがポイントです。弊社のコンサルティング先には、一定期間来院のないすべての新患に対して電話をしている院もあります。

「⑤初診日からもうすぐ1ヶ月経つ旨のハガキを出す」のは、特に整骨院など初診料が1ヶ月ごとに発生する院は、ハガキの中に「初診日から1ヶ月経つと初診料が発生する」ことを書くことで再来率を上げています。

特に、2回目来院率を上げることに注力すべきです。これまで弊社のコンサルティング先で統計を取って来た結果、2回目来院率が90％以上の院は繁盛していることがわかっています。このように、初診患者を、いかに2回目に来院してもらうかについて真剣に取り組む必要があります。

また、初診で来院いただいた患者が2回目に来院しないのは、急性症状で1回で改善や、旅行・帰省での来院など特別な事情がない限り、患者とラポールが形成できず、「院に対して不満足」になってしまったと言えます。不満足を感じた時に20％は直接言って来ますが、残りの80％は「潜在クレーム」です。「言わないけれど、二度と行かない」というものです。ですから、この「潜在クレーム」をなくすための患者とのラポールの形成が必要になってくるのです。

いつでもお気軽にご来院ください

しばらくお顔を拝見しておりませんが、お身体の調子はいかがでしょうか？

健康には適度な運動、睡眠、早期の治療と予防が大切です。お身体で気になることや、症状がございましたら、いつでもお気軽にご来院ください。

スタッフ一同、健康づくりのお手伝いをさせていただければと思います。

院長　中村　義勝

みんなの森® 整骨院　東村山院

予約優先制　042-306-3588
〒189-0013　東村山市栄町３丁目21－8

7章

女性の接遇のプロ監修！女性目線の接遇の基本とは？

1 患者が治療院に求めている感情とは？

患者は、治療院には身体の不調を訴えて来院されます。しかし、患者の体が悪くなった原因として、精神的なストレス等による要因も大きいと言われています。

弊社のコンサルティング先では、「この治療院に来るだけで体が楽になるよ」という患者の声をよく耳にします。ただ、なかには「あいさつもないし、癒しとはほど遠い雰囲気なのに流行っている治療院もあるのでは？」と言われる方もいらっしゃるし、たしかにそういう院もあるでしょう。しかし、優しく接してもらうとか、元気で笑顔のあるスタッフがいる活気のある院に行きたいというのは誰しも思うことです。

実際、患者に心でも元気になってもらうことで、「がんばって治るように努力しよう」という気持ちを持ってもらうことも重要です。

もちろん、いくら対応がよくても、施術技術が低いのはNGです。「施術技術が低くても、対応さえよければ大丈夫」ということでは決してありません。

また、患者を名前で呼ぶようにするとさらによいでしょう。人は、名前を読んでもらうだけでもうれしいものです。弊社のコンサルティング先の中で、名前呼びを徹底している繁盛院があるのですが、新患が2回目に来院してドアに入って来た時に、「橋本さん、こんにちは！」と、必ず名前を呼んであいさつをするルールを作っています。患者は一様に驚かれるし、「私のことを知ってくれている、大切に思ってくれている」という思いになってもらうことで、患者との良好な関係を築いています。

元気なあいさつ、笑顔、そして言葉遣いについては、しっかりとしたルールづくりが必要です。マニュアルづくりを行ない、定期的にロールプレイング（スタッフ同士で行なう実践形式での練習）を実施する必要があります。

前章で何度もお伝えしている「患者とのラポール形成」を、院長のあなただけでなく、スタッフ全員が接遇を通して実践できれば素敵ですね！

接遇の基本

医療人としての心構えをしっかりと自覚すること
→　医療人とは、医療に携わり人の最も大切なお身体をお預かりする者。

☆常に患者さんの立場になって物事を考える。
☆患者さんの苦痛の第２の理解者となり、「何とかしてあげたい」と心の底から思える者。
☆人間性を向上させることが最も大切である。

接遇の基本は【笑顔】と【挨拶】

【笑顔】

☆ 安心感、信頼感、親近感を抱かせる力を持っている。
☆ 笑顔はいつでも贈ることのできる贈り物。
☆ 笑顔は自分のため、そして患者さんのため、仕事をしやすくするためであることを忘れないように。

【挨拶】

☆ 笑顔での視覚的な贈り物の次は耳への贈り物。＝“挨拶”
☆ 明るくよい挨拶は相手に元気と活気を伝える。
☆ 少しの工夫で相手に与える効果がよくなるもの。

・明るく、大きく、優しい声で。
・言葉をはっきり、口を開けて。
・目を見て笑顔をそえて。
・いつでも、どこでも、誰にでも。
・先に自分から進んで。
・一言添えて。挨拶だけでは一言で終わってしまうが、もう一言プラスすることで会話が始まる。
　⇒　ここから人間関係が始まる。
・常に相手に合わせて工夫を。　⇒　「音調」
・声をかける時に一瞬明るく、楽しく、やさしく、強く、と思うだけで挨拶が変わる。

2 接遇の基本三つをまずは押さえよう

接遇とは、「患者を大切に思う気持ちを表わす」「患者の立場に立って考え行動する」ことです。院長のあなただけでなく、スタッフ全員が常にできる必要があるのですが、そう簡単なことではありません。ですから、まずはルールづくりを行ない、マニュアル化が不可欠なのです。ポイントは、社会人として最低限必要なことができているかという、躾・マナーの基本をしっかりと押さえることです。そして、真価が問われるのは、忙しい状態の時の接遇です。忙しい時は、スタッフ同士の動きへの不満で殺気立ち、笑顔が消えて「自分のことで精いっぱい」になりがちです。接遇の定義とは、真逆の状態になるので不満となります。最近では、飲食店や美容院など、世の中全体の接客レベルがどんどん上がっていますから、患者の求めるレベルも確実に上がっています。ここでは、人材教育の中での躾・マナーの基本項目を挙げるので参考にしてください。

①**身だしなみ…**寝ぐせ・白衣の汚れやシワ・無精ヒゲ・伸びたツメ・濃い化粧・派手なネイル・香水など、患者に不快感を与えないよう、身だしなみを毎日チェックする必要があります。特に、患者に直接触れる職業なので、手や口のタバコの臭いは絶対にNGです。

②**言葉遣い…**日本語の中で最も難しいのが敬語（尊敬語・謙譲語・丁寧語）です。よく使う敬語でもとっさに使えないことが多いので、院長のあなたはもちろん、全スタッフが、敬語の使い方をマスターしておく必要があります。

③**態度・しぐさ…**スタッフ同士で私語をする、保険証などを渡す時に片手で渡すなどは言語道断です。書類などは患者に向き合って両手でお渡しするなどの行動原則づくりや、笑顔やキビキビした行動などを心がけるなどの態度教育は、絶対に必要です。

心理学者として有名なマレービアン氏の統計によると、人は、顔の表情など外見…55％、声のトーン…38％、言葉の内容…7％で判断するとのことです。要するに、躾・マナーの基本ができていないと、施術技術を含めてすべてが疑われるということなのです。

接遇用語の基本

接遇用語	使うタイミング＆ポイント
こんにちは	●ご来院時 →明るく、元気よく！ ●患者とすれ違う時 →優しく、さりげなく
はい、かしこまりました	●患者さんから何かを頼まれた時 →素早く
申し訳ございません	●患者さんの要望に応えられなかった時 ●お待たせした時 ●ご迷惑をかけた時 →気持ちを込めて
恐れ入りますが	●患者さんにお願いする時 →気持ちをこめて、お願いするように
少々お待ち下さいませ	●患者さんのそばを離れる時 ●患者さんを待たせる時 ●他の患者さんから呼ばれた時 →素早く、ていねいに
大変お待たせいたしました	●お待たせした時 →申し訳ないという気持ちをこめて
失礼します	●患者さんと壁などの間を通る時 ●体に触れる時 →ていねいに ●カーテンの中に入る時 →カーテンはゆっくり開ける
おだいじに	●治療院を出られるとき →目を見てはっきりと →（可能な限り）患者さんの正面に向いて

3 「気配り」と応対の優先順位づけのポイント

「気配り」の多くはマニュアル等でカバーできますが、「気持ちのよい応対の治療院」と言われるレベルにするには相当の努力が必要です。

特に、接客経験のない新人スタッフに、マニュアルにないレベルの「気配り」を実践させるには、「気配り」の必要性を繰り返し伝えるだけでなく、ハイレベルな対応をしている治療院の見学や、接遇で評価されている飲食店に客として行き、気配りを受ける体験をさせることも必要でしょう。

「気配り」は人間性に通じます。患者を不快にさせないこと、そして患者を喜ばせることを自分の喜びにできる人。このような気配りのできる人が、人間性の高い人だと評価されます。

接遇で欠かせないポイントが二つあります。一つは、患者を常に優先する意識です。たとえば、レセコン入力などの事務作業の最中に、患者が会計をしようと受付に来た場合は、自分の作業を中断して、会計を先にしなければいけません。

そしてもう一つは、対応の優先順位づけと一言です。会計しようと受付に立っている患者がいて、電気付けを待っている患者がいる状態の時、どちらかに待ってもらわなければなりません。

院内オペレーションを考えると、先に電気付けをすべきですから、受付の患者に「長谷川さん、たいへん申し訳ございません。お急ぎでしょうか？」「大丈夫ですよ」「ありがとうございます。すぐにお呼びしますので、椅子におかけになって少々お待ちください」と一言伝えて電気付けをすませてから、「長谷川さん、たいへんお待たせして申し訳ございませんでした。お会計させていただきます」と一言伝えた上で会計をすると、気配りができています。

この、ちょっとした気配りの一言が重要です。上記の一言がないまま、電気付けに行って戻ってきて会計をすませるとどうなるでしょうか？　しかし、残念なことに治療院ではよく見る光景です。あなたの治療院の「気配り」は大丈夫ですか？

たいへんお待たせして
申し訳ございませんでした
常に患者最優先
一言
気配り
対応の優先順位付け

4

好印象の来院時とお帰り時の掛け声とは？

最近では、「やまびこ掛け声」を実践している治療院が増えてきました。「やまびこ掛け声」とは何かと言うと、受付が最初に患者に声かけをすると、スタッフ全員が受付に続いてお声がけをするというものです。

この「やまびこ掛け声」を徹底することにより、さわやかで元気な雰囲気がかもし出されます。では、具体的にどのようにすればよいかを挙げていきます。

ⓐ**患者の来院時…**患者来院時に、受付が「おはようございます」「こんにちは」「こんばんは」と声かけをすると、スタッフ全員で同様の声かけをします。声かけのタイミングは「患者が玄関から入ってきた時」がベストです。

ⓑ**患者の帰り際…**患者の帰り際では、受付が「お大事に」の声かけをすると、スタッフ全員で「お大事に」の声かけをします。声かけのタイミングは、「患者が玄関を出る時」です。これは、飲食店などで経験されたことがあるかと思いますが、レジでレシートをもらってすぐに「やまびこ掛け声」をされた後、ドアを開けて店を出る時に声かけがないと、何か寂しい感じになってしまいます。ですから、「患者が玄関を出る時」なのです。先にもお伝えしたように、名前呼びで「○○さん、お大事に」の「やまびこ掛け声」ができれば、さらにすばらしいでしょう。

また、やまびこ掛け声を実践するには、ルールづくりが必要です。たとえば、施術している患者と話をしている時に「やまびこ掛け声」をするのは、施術している患者に失礼なので、その人は「やまびこ掛け声」に参加してはいけません。

また、気をつけなければならないのは、「誰も気づかなかったから声かけしかなった」という事態を避けることです。受付が声かけするのが基本で、どうしてもできない場合は、△△さんがするなどと担当者を決めておく必要があります。そのあたりのルールをしっかり決めた上で実践することが重要です。

お大事に！
お大事に！
お大事に！
お大事に！
お大事に！
受付

5 院内が「よい氣」で充満する三つのポイントとは？

治療院には、元気ではない患者が来院されます。笑顔で元気なあいさつとキビキビした行動で、「元気のお裾分け」をしましょう。以下に挙げるような接遇をすると、治療院に「よい氣」が充満してくるはずです。

①笑顔であいさつをする…「患者を少しでも元気づけたい」という気持ちがあれば、自然と笑顔が出てくるものです。もちろん、人間ですから笑顔を出せる気分ではない時もあるでしょうが、患者を見かければ必ず笑顔であいさつするように、日々意識しておくようにしたいものです。また、コロナ禍でマスク着用となり、表情を見せるのが難しくなっています。「マスクの中は笑顔」を表現して患者に寄り添いたいですね。

②目線を合わせる…患者と話をする時は目線を合わせてアイコンタクトをしましょう。特に下向きで目を逸らして話をすると元気がない、自信がない、受け入れられていない等と受け取られてしまいます。

③キビキビした行動をする…誰でもキビキビとした動きをする人を見るのは気持ちのよいものだし、「この院は対応も迅速だし、施術もしっかりやってくれそうだ」と感じる人が多いでしょう。「ドタバタ」ではなく「キビキビ」です。背筋を伸ばしてさっそうと動くのが理想です。

治療院の中では、「常に見られている」という意識を持ちましょう。実際に、患者はあなたの動きを見ています。目の前にいる人だけでなく、そこにいる患者全員があなたを見ています。特に新患は見ています。これから問診・施術をするであろう人はどんな人かな？　誰が担当なのかな？　患者とどう向き合っているのかな？　というのが気になって当然です。これから身体を預けて、自分の症状を改善してくれるはずの人が気にならないわけがありません。

そう、患者と直接話をする前から接遇は始まっているのです！　ですから、よく伝えるのですが「劇場の舞台上の俳優」として、演技をしていると思って治療院の中で行動をすることをお勧めします。

よい氣
よい氣
テキパキ
テキパキ
受付

6 よく目にする常連患者へのNG接遇対応とは？

治療院の目的は患者の症状の改善です。しかし、患者の症状は前回来院時と今回来院時では違います。ですから、患者が望む症状の改善を目指すためにも患者とラポールを形成し、コミュニケーションを図って、症状などについて何でも言ってもらえる雰囲気をつくることで、患者が今悩んでいる症状を、より知ることができる可能性が高まります。

ところで、長く来院されている常連患者に対しては、馴れ合いになってしまい、緊張感が薄くなりがちです。

しかし、患者からすると毎回毎回お金を支払って、時間を取って来院しているのです。常連患者は「私は多くを知ってもらっているし、特別対応してもらっている」と思っているものですが、同時に、1回だけの不手際でも来院しなくなるものです。声かけの不手際の例を電気付けで挙げてみると、電気は地肌につけることになりますが、洋服や下着をめくる時は「電気をつけさせていただきます。お召し物を上げてもよろしいでしょうか？」などの声かけを必ず行ないます。この声かけをしなかったことで、患者が二度と来なくなってしまった事例は数多くあります。「患者の立場に立って、物事を考えることができない人だから施術も本当に親身になってやってくれるか疑問だ」とみなされても仕方がないでしょう。

また、当然ですが言葉遣いは注意したいものです。まれに、常になれなれしく声かけをする施術スタッフの方を見かけることがあります。「伊藤さん、今日の調子はどう？」といったなれなれしい声かけはやめましょう。あなたと伊藤さんの中では違和感がないのはわかります。しかし、周りで聞いているほとんどの患者は、そのなれなれしさを不快だと感じています。また、新患の中には自分はよそ者という疎外感を感じて、来院しなくなる患者もいます。特に高齢者に対して、「中村さん、お膝の調子大丈夫～？」といった、子供に対するような言葉遣いをする場面も見ますが、絶対にやめましょう。そのようななれなれしい声かけが可能なのは小学校低学年まででしょう。あなたが高齢者になった時、子供や孫ぐらいの若者にそういう声かけをされたいでしょうか??

だいじょうぶ～？
調子はどう～？
なれなれしい・・

7 電話応対が接遇で最も難しい！知らないと大損するポイント

電話応対は非常に重要です。電話口に出た人が、あなたの院のすべてだからです。あなたも、たとえばレストランの予約電話をした時に、スタッフがメニューやサービスについてあまり把握していなかったとか、電話オペレーターがぞんざいな応対だった、声のトーンが暗かった…という経験はありますよね？　それは、電話を取った人が問題だと思いましたか？　そうではなく、お店や会社が問題だと思うはずです。

電話口の応対の感じが悪い↓あなたの院の感じが悪い↓あなたの教育が悪い↓ちゃんとしていない治療院だな↓施術もちゃんとしていないのではないか？↓予約は取らずに他の治療院にしよう…となっても仕方がありません。

とくに、予約制の治療院は、予約時のコミュニケーション力がポイントになります。新患獲得の1本の電話を鳴らすためにいくらのお金と労力をかけたかを一度、計算してみてください。お金のかけ方によっては1本の電話に1万円かかり、労力は数時間かかっているでしょう。その貴重な電話を受付が取って、「日程が合わないということで予約取れませんでした〜っ」と言われても笑えませんよね！　電話を1本鳴らすのにどれだけのお金と労力がかかっているかを、スタッフ全員に理解してもらうべきです。

電話応対では、誰からのどんな内容（予約・予約キャンセル・営業・質問・クレームなど）の電話なのかを瞬時に把握し、応対しなければなりません。また、相手の顔が見えないのでラポールが形成しにくく、難易度の高い接遇なのです。

電話応対の基本について左ページに紹介しています。弊社は、文部科学省後援「サービス接遇検定」1級（最上位）保有者の橋本弥生と伊藤樹里が接遇研修講師をしていまして、7章は二人に監修してもらっています。やはり、接遇の中では電話応対が一番難しく時間がかかると言っています。

そして、この二人が弊社の電話応対をしています。お電話お待ちしております。

電話対応マニュアル（一部抜粋）

正しい電話対応（受け方）

Point1　迅速

コール3回までに取りましょう。3回以上鳴っていたら、「お待たせいたしました。○○治療院の△△（自分の名前）です」と言いましょう。

Point2　確認

相手の会社名や氏名は必ず確認しましょう。

聞き取りづらい場合は「申し訳ございません。少々お電話が遠いようでございます」と伝え、再度確認します。

漢字がわからない場合は、「○○様、恐れ入りますが、どのような文字になりますでしょうか？」とたずねましょう。

□5W2Hで確認をとるクセをつけましょう

①いつ（時期・時間・納期）・・・WHEN
②なにを（目的・対象）・・・WHAT
③どこで（場所）・・・WHERE
④誰が、誰に（相手）・・・WHO
⑤なぜ（理由・目的）・・・WHY
⑥どのように（方法）・・・HOW　to
⑦いくら（量・金額）・・・HOW　many（much）

Point3　記録

メモは必ず取りましょう。また伝言メモは受付日時、受信者名を必ず書きましょう。

あやふやな表現はNGです。（明日、明後日→○月○日○曜日）。

（左が橋本弥生、右が伊藤樹里）

8 12の話題づくりであなたも会話上手に！①

患者とのコミュニケーションを円滑にするためには、話のきっかけとしての話題づくりが必要です。話題づくりのためのキーワードとして、「木戸に立ちかけさし衣食住」というのがあるのをご存じでしょうか？　患者との会話の話題として、以下のような内容の話は受けがよいので、ぜひご活用ください。

キ…気候、天気、季節の話題：顔を合わせた時の声かけと同じような感じで行ないます。話題の基本とも言えます。「今日も暑いですね。熱中症に気をつけないといけないですね～」など。**ド…道楽、趣味の話題**：道楽や趣味は、その人が打ち込んでいることなので、うんちくとか自慢話等を聴いてあげると喜ばれます。「社交ダンスをされているんですね！　今度の発表会に向けて身体を整えましょうね！」など。

ニ…ニュースの話題：ニュースは、明るい話題を選んで話す方が望ましいでしょう。「今回のオリンピック、日本選手の金メダルラッシュですね！」など。**タ…旅、レジャー、故郷の話題**：旅行は感動を体験しに行くのですから、その感動を思い出してもらうと盛り上がります。「今年、沖縄に行かれたんですよね。どこが一番よかったですか？」など。**チ…知人、友人の話題**：知り合いの方の話題は、特に共通な知り合いであれば、さらに親近感が増します。「ご紹介くださった岡田さん、腰の調子がすごくよくなったと喜んでくださいました」など。

カ…家庭、家族、子供、孫の話題：家族の話題は、最も身近ですので一番喜ばれます。ただし、プライベートに踏み込み過ぎないようにしたほうが無難です。話を受ける程度にしておきましょう。

ケ…健康、スポーツの話題：健康に関する情報が溢れている昨今、さまざまな健康話が話題になります。

あなたが確信している情報と患者の情報が真逆の場合でも、真っ向から相手の情報を否定せずに話を進めたいです。また、スポーツも話題として盛り上がりますが、プロ野球チーム等の会話はアンチもあるので注意が必要です。

キ
ド
ニ
タ
カ
ケ
チ

9 12の話題づくりであなたも会話上手に！②

サ…酒の話題：お酒にはいろいろな種類があり、好きな人にとっては話題に事欠きません。「高橋さんは、オーパスワンをよく飲まれるんですか！　私が飲むワインと何が違うんですか!?」など。**シ…仕事の話題**：仕事のグチや成功体験を聴いてもらえると喜ばれます。「昇進されたんですか、おめでとうございます！　忙しくなりますから体のケアも大事ですよ！」など。**衣…服やアクセサリーの話題**：服やアクセサリーにお金をかける方も多く、また、好みなどの自己主張が一番表われるものですので、注意深く観察して話題にしたいものです。「今日のお召しもの、すごくお似合いですね」など。
食…食べ物、飲食店などの話題：食事は、一番身近なことだし、健康にも関わることですから話題にも上がりやすいのです。夜の献立やおいしいレストラン情報、そして食事の摂り方のアドバイスなどが喜ばれます。「近くの○○というお店がおいしいっていううわさですよ」など。**住…住まいの話題**：住まいに関することも、日々の生活の中で常に密着しているので話題になります。内装リフォームや庭の草花の話、断捨離などがよいでしょう。「最近、家庭菜園をされているそうですね。どのような野菜を育てられているんですか!?」など。

ところで、政治や宗教などの話は厳禁です。このような話は、信条によって意見が正反対の場合があるので注意が必要です。特に、「○○首相は久しぶりに信頼できる人ですね。ただ△△党自体は好きではないんですけどね」などの話をした後、来院が途絶え、おかしいなと思っていたら、実はその患者さんが△△党の熱烈な支持者だったことが後でわかったという話も実際にあります。

話題づくりのためには、ネットや新聞や本を読む等、常に情報のアンテナを張っておく必要があります。そして、さまざまな所に足を運んで見聞を広めるなど知識と経験を重ねつつ、人間の幅を広げることが円滑なコミュニケーションを図るコツです。

衣
食
仕事
酒
住

10 よいクレーム対応と悪いクレーム対応の違いとは?

治療院だけでなく、どのような商売でもクレームは避けて通れません。人間がすることですから、どれだけ細心の注意を払っていてもトラブルは発生します。大事なことは、クレームがあった事実を素直に受け止め、誠実に対応し、教訓として今後に生かすことです。

では、クレームとは何かと言うと、「患者から見たサービスに対する不満」ということになります。しかし、不満に思ったからと言って、全員が直接言ってくるでしょうか? 実は、①不満を持っている患者の10%は直接言ってくる、②不満を持っている患者の30%は黙っている、③不満を持っている患者の60%は他人に話す、という統計が出ています。

みなさんも飲食店などで、ゴキブリがはっていた、食べ物の中に髪の毛が入っていたetc…。「もう二度と来ない!」と思っていても、店員に言わない方もいると思います。これを「潜在クレーム」と言います。あなたの治療院でも、なぜか来なくなった患者はいませんでしたか?

何が言いたいかというと、「直接言ってくれる方はありがたい」ということです。治療院でも、待ち時間が長過ぎる、施術によってかえって痛みが強くなったなど、直接クレームを言ってくれる患者には感謝すべきなのです。しかも、クレームを言っていただいた患者に誠意をもって対応すると、逆にファン化し、固定患者になって紹介をしてくれることも多いのです。

上の統計のように、60%という大多数が、「悪いクチコミ」をしてしまっているのです。最近では「悪いクチコミ」が口コミサイトで書き込まれるリスクがあります。定期的に、患者からアンケートを取るなどの日頃から患者満足に気をつける必要があります。また、患者は受付でクレームを言ってくれる場合も多いのです。受付でのクレームを受付スタッフが院長のあなたに報告できるようにしてください。「クレームがあったら、私にとって耳が痛いことでも、何でも報告してくださいね」と、受付スタッフにお願いしておきましょう。

◆電話による明らかなクレームの場合

- まず、受付スタッフで対応する。（確実に聞き取りを行なう）
  1. お詫びの言葉……「申し訳ございません」
  2. クレーム内容を聞き取り、メモをとる
  3. 住所、氏名、電話番号をメモする
  4. あらためて電話をする旨を約束する
  5. 院長に報告する

◆聞き取り時の注意点

1. 安易に謝罪をしない
2. 反論しない
3. 言い訳をしない
4. 相手の言い分は最後まで聞き取る
5. 「院長に確認して折り返し連絡致します」と伝えて、いったん電話を切る

◆クレームの分類

分類	対応者レベル	クレーム内容（例）	お客様の感情レベル
軽度のクレーム	スタッフ（担当者）	●待ち時間が長い ●言葉遣いが悪い ●タオルが臭い ●順番を間違えた	親切心 ちょっとした注意
中度のクレーム	院長（分院長）	●施術への不満 ●度重なるミス	多少の怒り 興奮状態
重度のクレーム	院長（オーナー）	●施術後の強い痛み ●説明と改善度合の大きなギャップ	怒り・興奮を 通り越した激怒

※クレーム内容よりも患者さんの感情レベルを優先した処理を行なうこと!!
※クレームの内容（例）が軽度であっても、感情レベルが重度であれば、院長（分院長）レベルでの処理を行なう
※患者さんの感情レベルが軽度であっても、重度のクレーム内容の際には、院長（オーナー）レベルでの処理を実施する

8章

優秀な人材が長く在籍する評判制度・採用・人材育成ノウハウとは？

1 受付スタッフの役割の重要性に気づいていますか？

あなたは、受付スタッフとしっかりと関わっていますか？　受付スタッフは「単なる受付」ではなく、「院の顔」です。院内でもそうだし、先にもお伝えした通り、電話ではなおさらです。

実際、受付スタッフしだいで患者数は変わります。患者の顔と名前はもちろん、院長以上に患者とラポール形成ができているスーパー受付スタッフがいる院は繁盛します。

逆に、受付スタッフが業務対応しかしない院は、業績の足を引っ張ります。それくらい、受付スタッフの存在は重要なのです。採用の時には自然な笑顔ができて、明るく朗らかで、人と接することが好きな方を、採用の最重要ポイントとしてもよいでしょう。

したがって、施術スタッフのモチベーションを上げるのも重要ですが、受付スタッフのモチベーションを上げることも同じく重要です。しかし、受付スタッフは「パートとして収入の足し」として働く場合が多いですから、彼らのモチベーションを上げるのは施術スタッフ以上にたいへんです。

ですから、受付スタッフの笑顔で、明るくキビキビした対応をする存在が、症状の改善にとっても重要な役割になっていることを常に伝えてください。

臨床心理士は、一切触れることなくカウンセリングだけで、腰痛や肩こりを改善できると断言されます。

つまり、患者を受け入れてラポールが形成できれば、症状が改善できるということなのです。それに近い役割を受付スタッフが担ってくれた上で、あなたが施術をして施術効果が増すなら、患者・受付スタッフ・院長のあなたの「三方よし」になります。

また、新患に検査・問診で施術内容について、院長のあなたが毎回同じ説明をしている部分を受付スタッフに担ってもらうように提案をしています。患者としても、治療家ではない第三者に説明をしてもらうことで耳に入りやすいし、あなたも、その説明時間を施術に使えて、受付スタッフも説明しなければならないので、施術内容への理解も深まります。

受付スタッフは
受付
重要!

2 定期的なミーティングがもたらすメリット

患者に、最高の施術技術とサービスを提供するためにも、そして院長のあなたとスタッフ、それにスタッフの間のコミュニケーションギャップをなくすためにも、ミーティングは必須です。院内のコミュニケーションを図る上で、最も重要なのはミーティングだからです。食事しながらのミーティングも人間関係の構築のために非常に有効です。しかし、コロナ禍で会食ができず、親睦を図ることが難しい時代を経験し、飲み会や食事会をしなくても、ミーティングをしっかり行なうことで、業績を伸ばしている院も多くあります。

1．日々のミーティングでの報告

朝に行なう場合は、昨日の患者数実績と今日の患者数目標を伝えることと、患者からの不満、要望、喜びの声の報告や施術内容で、気をつけてほしい患者の申し送りなどを行ないます。

2．実績と目標の確認

月1回はミーティングを行ないましょう。主な確認事項は、1日の平均患者数など、今月の実績発表と来月の目標です。「院全体」と「スタッフ個人」の目標・実績発表を行ないます。

特に、分院展開を行なっている院は、実績と目標の確認が不可欠です。実績ベースで、未達だった場合はもちろん、達成できた場合でも、なぜそうなったかの原因を探る必要があります。

また、ミーティングの中で決まったことは、具体的に「誰が、何を、いつまでに」やるかを決め、スケジュールを立てるところまでやる必要があります。

3．ブレーンストーミングとディスカッション

定例ミーティングの中で、ブレーンストーミング（自由な雰囲気で、他を批判せずにアイデアを出し合い、最終的に一定の課題によりよい解決を得ようとする方法）やディスカッションの場として活用し、スタッフに書いてもらったり発言してもらうことを中心としましょう。院長のあなたからの一方的な話が多いと、ミーティングの効果は半減します。

ミーティング実施項目	
1	先月の実績報告【月間（売上高、1日平均患者数、平均単価 等)】
2	先月の振り返り（全スタッフ） →主に先月設定した目標への取り組み内容について発表
3	今月の目標発表（全スタッフ） →目標は前月末に設定をすませておく
4	今月の目標発表【月間（売上高、1日平均患者数、平均単価 等)】
5	「こんな声を聞きました」（受付スタッフ） →患者の不満、要望、満足度
6	ブレーンストーミング、ディスカッション（全スタッフ） →テーマを決めて自由に発言し合う
7	技術勉強会（施術スタッフ） →手技、包帯、テーピングなど

[注意事項]
※全員出席を義務付ける。（可能な限り受付スタッフも）
※ミーティング実施日時を決めておく。（第１土曜日など）
※ミーティング時間は１～２時間程度にする。（長時間になり過ぎないこと）
※必ず議事録を作成する。

3 性善説と性悪説に則ったスタッフ育成とは

「うちのスタッフは、何でヤル気がないんでしょうか？」「躾から施術技術まで、何でも教えて授業料が欲しいくらいなのに、給与を払って育てても、最後に不満を言われて辞められたら悲しいよ…」等と嘆かれている方も多いと思います。

治療院業界は以前、徒弟制度が根付いていて、給与は低額の固定給で働きながら修行という時代が長かったのですが、今はそういうことは一切なくなりました。私はスタッフとよい関係を保つ方法としては、性善説と性悪説の両方を押さえておく必要があると考えています。

まず、性善説としては、人は誰しも人の役立ちたいし、人生をより幸せで豊かなものにするために頑張りたいと思っています。そこをどう引き出してあげられるか、という部分を評価の対象にできればベストです。これは、評価制度として組み入れるかどうかだけでなく、しっかりとスタッフを見てあげて、長所を見つけてそれをどんどん伸ばしてあげるのがリーダーの役割です。長所を伸ばしてあげられるかどうかは、院長のあなたにかかっています。

そして、性悪説としては、厳しい労働環境、評価のされ方、人間関係の悪さ等、さまざまな要因によって自分の利益のために行動することもあるという面も持っています。就業規則や従業員ルール等を規定したり、定性評価を活用して、してはならないことや、やらなければならないことを明確化しておく必要があります。「常識的に考えたら当然おかしいでしょう…」というのは通じない時があります。ルール作りをするのは、スタッフを律するためでもありますが、無用のトラブルを避けるための防衛策と捉えましょう。

短所は誰にでもあります。短所をついて責め立ててしまってもよい結果にはつながりません。院長のあなたの役割は、スタッフに寄り添って、その短所を人並にしてあげたいという気持ちだと思います。

左ページは歩合基準と定性評価の一例です。次項でお伝えしているように、あなた自身の思いや考えに合った評価制度の構築をチャレンジしてみてください。

歩合基準

■歩合制度

患者数が以下の基準に達した場合、歩合給を支給する

●1日患者数が65名を超えた場合

半日スタッフ　300円／日
終日一般スタッフ　500円／日
終日主任以上正社員　1,000円／日

●1日患者数が70名を超えた場合

半日スタッフ　500円／日
終日一般スタッフ　1,000円／日
終日主任以上正社員　1,500円／日

●1日患者数が75名を超えた場合

半日スタッフ　800円／日
終日一般スタッフ　1,500円／日
終日主任以上正社員　2,000円／日

●1日患者数が80名を超えた場合

半日スタッフ　1,000円／日
終日一般スタッフ　2,000円／日
終日主任以上正社員　2,500円／日

●1日患者数が85名を超えた場合

半日スタッフ　1,300円／日
終日一般スタッフ　2,500円／日
終日主任以上正社員　3,000円／日

●1日患者数が90名を超えた場合

半日スタッフ　1,500円／日
終日一般スタッフ　3,000円／日
終日主任以上正社員　3,500円／日

■治療スタッフ評価制度（定性評価）

番号	評価項目	配点	本人	分院長 副院長
1	院のミッション・経営理念を暗誦することができ、理解している			
2	先見の明を身に付けている（今月・3ヶ月後・半年後・1年後・3、5、10年後・・・）			
3	患者さんを引き寄せる能力がある（雰囲気・オーラ・魅力）			
4	空気（雰囲気）を読んで変えられ、自分の行動・言動が周りにどういう影響を与えるのかを考えている			
5	感情のコントロールができる			
6	自分のミスがあった場合、素直に認めることができる			
7	マナー・常識を身に付け人間性の基礎・土台を築くことができ、身なり・言動等で私生活でも気をつけている			
8	姿勢・立ち居振る舞い・話し方（常にポジティブ）まで気を配ることができる			
9	相手（スタッフ・患者さん）の状態に合わせ、話の内容・テンポを変えることができる			
10	何かあれば、必要があれば（治療院に関係する出来事は）迅速に院長にホウ・レン・ソウができる			
11	全患者さんの状態を察知・把握し、それに対する対応能力がある			
12	待合室で待っている患者さんへの気配り、声かけができる			
13	主導権は治療院側という意識を持って患者さんと接している			
14	常に向上心を持って行動している			
15	どんな仕事でも自分が率先して行なっている			
16	仕事内容はどの分野もすべて把握している			
17	斬新な思考・行動ができる			
18	治療院には1番早く出勤している			
19	見回り後、1番最後に退社している			
20	治療院に出入りするすべての人（同業、異業種、お客様）への対応が優れている			
21	治療院内（備品、清掃）・外（駐車場、清掃、近隣との環境）に気を配ることができる			
22	地域環境（近隣）との関わりが適切にできている			
23	院内の治療勉強会に積極的に参加している			
24	治療時間外にも自主的に治療技術の練習をしている			
25	難しい患者さんに、積極的に当たっている			
26	患者さんの症状に応じた治療内容を提案している			
27	治療についての知識を積極的に吸収しようという姿勢がある			
28	業務態度が「就業規則」事項に沿っている			
		0	0	0

4 評価制度の構築で失敗しないために

「評価制度を作りたいが、何から手をつけたらよいかわからない…」という方も多いと思います。弊社はこれまで、数多くの評価制度を構築してきましたが、「評価制度はこうあるべきだ」というものはないし、実際に、弊社でこれまで構築した評価制度の内容は各院ですべて違います。

なぜなら、「あなたの思いや意識してほしいことを数字や言葉で表現する」のが評価制度だからです。どこかでうまくいっている評価制度を、そのままあなたの院に持ってきてもうまくいかないのです。

ですから、弊社では、評価制度を構築する時は、院長やスタッフにヒアリングをした上で、いくつかのパターンから最適と思えるものを提案し、そのパターンで構築することが決まった段階で、数字を組むという流れになります。そうすると、自院に合って、現状に合った評価制度を構築することができます。

歩合として出せる額を勘案しつつ、エクセルで簡単な計算式を作ってシミュレーションした上で決定します。

最初から数字を組んで評価制度を作るのが難しいようなら、数ヵ月〜半年の期間限定でボーナスを出す形から始めてもいいでしょう。

患者数や売上等の数字に基づいた数字評価とは別に定性評価を行なうのもよいでしょう。定性評価とは、日頃の勤務態度（遅刻や身だしなみ）や、院に対する協力姿勢などの院に対する貢献度、エンゲージメント（院に対する愛着心、結束感、信頼）の評価等です。通常は「評価シート」を作成し、各項目に3〜5段階評価をつけるなどして評価します。まず自己評価をしてもらい、その上でリーダーや院長のあなたが評価を行なう形式となります。

1院で経営している治療院でスタッフが数人と少ない場合、あなたの思いや意識してほしいことに加えて、スタッフ個々が求めている待遇を勘案した評価制度にできればベストです。複数のスタッフがいる場合、報いるべき基準として勘案するのは、エンゲージメントが高いスタッフとなります。

協力姿勢
売上
貢献度
エンゲージメント
勤務態度
評価制度

5 優秀な人材を採用するためには？

優秀な人材を採用することは、治療院を大きく進化させるきっかけになります。優秀な人材はエンゲージメントが高く、結果を出すべく率先して働いたり、院長が伝えたい他のスタッフへの苦言を代わりに伝えてくれる等、他のスタッフへもよい影響を及ぼします。

そのような優秀な人材を採用するのに不可欠なこと、それは、院長のあなたが優秀な人材以上の「器」があるということです。施術技術力・才能・頭のよさではなく「器」です。優秀な人材は、あなたへも苦言を呈することも多いものです。あなたがその優秀な人材を包み込んで、あなた自身が努力し成長し続けなければならないのです。

優秀な人材は志が高いので、自分自身が成長し成功できる可能性の高そうな環境を選びます。優秀な人材が、「あなたについて行きたい」と思えるミッション・経営理念・大きなビジョンを打ち出す等、あなたが成し遂げたいことを明確にし、それに向けて具体的に行動していなければなりません。そして、前項で触れた評価制度をしっかりと構築しておくことが不可欠です。要するに、優秀な人材から経営者としてリスペクトされる存在になれるかどうかが重要なのです。

分院展開をしている院に優秀な人材が入社することが多いのは、ミッション・経営理念・大きなビジョンを持っていて、評価制度も整備されていて、また、がんばれば幹部や分院長になれるチャンスがある等、自分の人生を明るい未来にできる可能性のある選択肢が多いからです。

治療家として人生を賭けてみようと思う人が、就職先を探しているのです。あなたの院、大手グループ院、あるいは近隣の競合院、どこに入社すれば、未来の人生が明るそうですか？　採用する側のあなたにとって、施術スタッフ採用は命がけですか？　就職は人生を大きく左右する命がけの重要な選択です。「優秀なスタッフが入社してくれたらいいな～。どの求人媒体がよい人が来るかな？」という採用活動で、人生を賭けて入社したいと思う優秀な方がいるとは思えませんよね。

器
リスペクト
ついていきます！
優秀な人材

6 その優秀な人材が長く在籍するポイント

優秀な人材には長く在籍してほしいという思いは強いと思います。しかし、一人前に育ったら独立するのが治療院業界では一般的です。では、どのようにしたら、優秀な人材が独立せずに長く在籍してくれるのでしょうか？　答えは前項でお伝えした、「あなたの大きい器」「独立するよりも夢のある大きなミッション・経営理念・ビジョン」です。

壮大なミッション・経営理念・大きなビジョンを「あなた自身の人生の目的」というレベルまで明確にして行動に移し、大きな夢や希望を抱ける治療院に在籍していることが自身の成長につながり、仕事に誇りを持てる環境になっている状態です。

優秀な人材は、まず分院長になりますが、分院長をすることとイコール独立となることがほとんどです。ですから、「その先」が必要です。経営者として治療院から抜けて経営に専念し、治療院全体の管理を優秀な人材に任せていたり、分院を会社としては切り離して、「のれん分け」した形にして毎月一定額の管理料をもらう形、治療家としてではなく、経営幹部として分院のSV（管理・監督者）として活躍している、といったコンサルティング先があります。

誰しも、人それぞれの「自分なりの成功」を人生で達成したいと思っています。日本全体が働き方改革によって、最低限の仕事時間で、休みを十分に取り、ある程度の収入がある人生がスタンダードな社会人の姿となっています。これも「自分なりの成功」ですから、この状態が長く続くための評価制度設計も必要です。私は2001年当時の船井総研時代から今まで、仕事とプライベートの境目がない人生を送っていて、今は最高に幸せです。そんな、仕事とプライベートの境目はいらないという人には、早く経営幹部になってもらう評価制度設計が必要です。

私はジェームス・スキナーの経営塾で直接学んだのですが、「ミッションなくして経営なし」という一言が刺さりました。お陰で私もミッションに則って日々行動しています。

ミッション
夢
経営理念
ビジョン
自分なりの
成功

7 分院展開をする時の注意点とは

ここでは、弊社がこれまで数多くの分院展開のコンサルティングを行なって来た中での、分院経営の注意点を挙げてみたいと思います。

分院が作られるパターンとしては二つあり、一つ目は「分院長が優秀だから分院を出す」といった自然発生的なパターンです。分院長が優秀な人材の場合は、ある意味スムーズに分院が作れるし、好業績を上げることができます。

ですから、その分院長が退職してしまうと業績が急激に落ちてしまう場合が多く、最悪なケースは分院を撤退して、初期投資を回収できず負債を抱えることもあります。このパターンの大きな弱点と言えます。

もうひとつは、「分院展開を経営計画とした上での分院展開」です。分院展開は、本院を含めた分院数が2～3院までは、ある程度、全体に目が届く範囲なので、カリスマ性や強烈なリーダーシップがあるなど、「マネジメントのセンス」がある方ならば可能です。しかし、4院以上となると「組織化のしくみ」を作ることが必要になってきます。

分院展開を行なう上で、施術技術と接遇などのサービスを良好な形で保つことが重要になります。必然的にまったく目の届かないところでの運営を分院長に任せるということになるわけですから、1院で運営している以上にミッション、経営理念、経営計画の定期的な確認・人事管理・数字管理・ルールづくり等の徹底をする必要があります。

また、人材の採用と教育も徹底して行なわなければなりません。実際、分院を任せていても、残念ながら分院長は、治療院経営者のあなたほどは本気ではありません。また、施術手法も微妙に変わっていくことも多く、知らない間に独自の施術法を行なっていることもあります。

分院長に任せきりにせず、分院長とは定期的な会議だけでなく、個別にもコミュニケーションを図ったり、営業時間中に分院に顔を出して、状況をチェックする等の機会を持つことが不可欠です。

本院
○△治療院
コミュニケーション
チェック
会議
□□治療院
○△グループ
分院 1
※※治療院
○△グループ
分院 2

9章

たったこれだけの数字分析で経営改善策が見つかる

1 来院患者分析の目的とは？

弊社では、コンサルティング先にいくつかの患者分析を行なっていただいています。なぜなら、現場を常に見ることができないし、数字で判断しなければならないことが多いからです。

そのような中で、長年経営コンサルタントの仕事を続けていると、「数字が話しかけてくる」ようになりました。待ち時間が長くなってしまっているとか、モチベーションの状態とかスタッフ同士の関係に問題が発生したかどうか等までわかってきます。

この章で紹介する分析内容を、すべて分析することができれば、自院の全体像がおおむね理解できると考えています。

実際、もしあなたの院の業績が落ちている原因がわからない場合は、患者分析をすることによって、何らかの原因が見えてくる可能性が高いでしょう。しかし、患者分析をしても、多くの場合は記録として残しておくことに留まっていて、それをどう生かすかがよくわからない方が多いように思われます。特に、治療院の競合が激しい中、院経営として問題が起きた場合に素早く対応する必要がある中で、来院患者の分析を行なうことが重要なのです。その分析に基づき、マーケティングの方向性を見直したり、既存患者へのアプローチを見直してみたり、院内での患者対応を改善するなど、具体的に考えていくことが必要になります。

傍から見ると繁盛院に見えていても、課題や問題が数多く存在しています。繁盛院は、さまざまな数字を分析することによって課題や問題をなるべく早く見つけることで、問題が大きくなる前に解決及び改善策を講じています。そして、自院の強み・長所を生かすことです。ツキのないもの（短所）を是正するより、ツキのあるもの（長所）を伸ばすほうが効率がよいのです。

ですから、あなたの院の現状を知り、新患数アップ・リピート率向上を図るためには、どのような対策を講じていかなければならないか等の戦略を立案するためにも、この章で触れるさまざまな来院患者分析を行なっていくことを強くお勧めします。

※コンサルティング先様の実際の数字を4年間比較

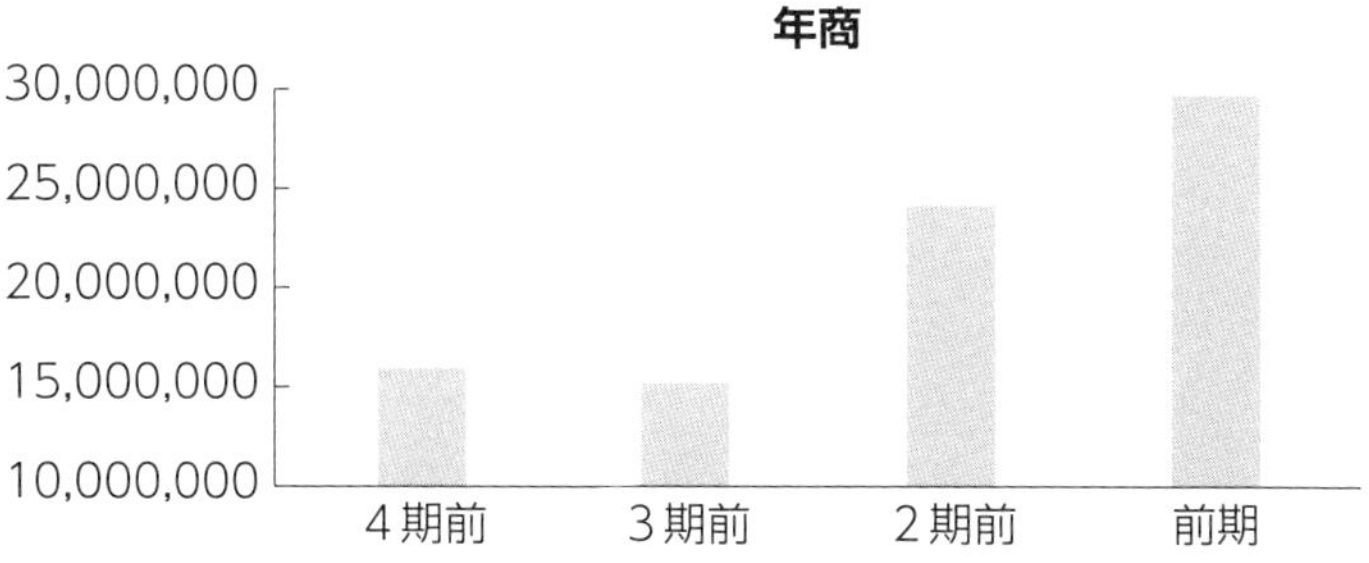

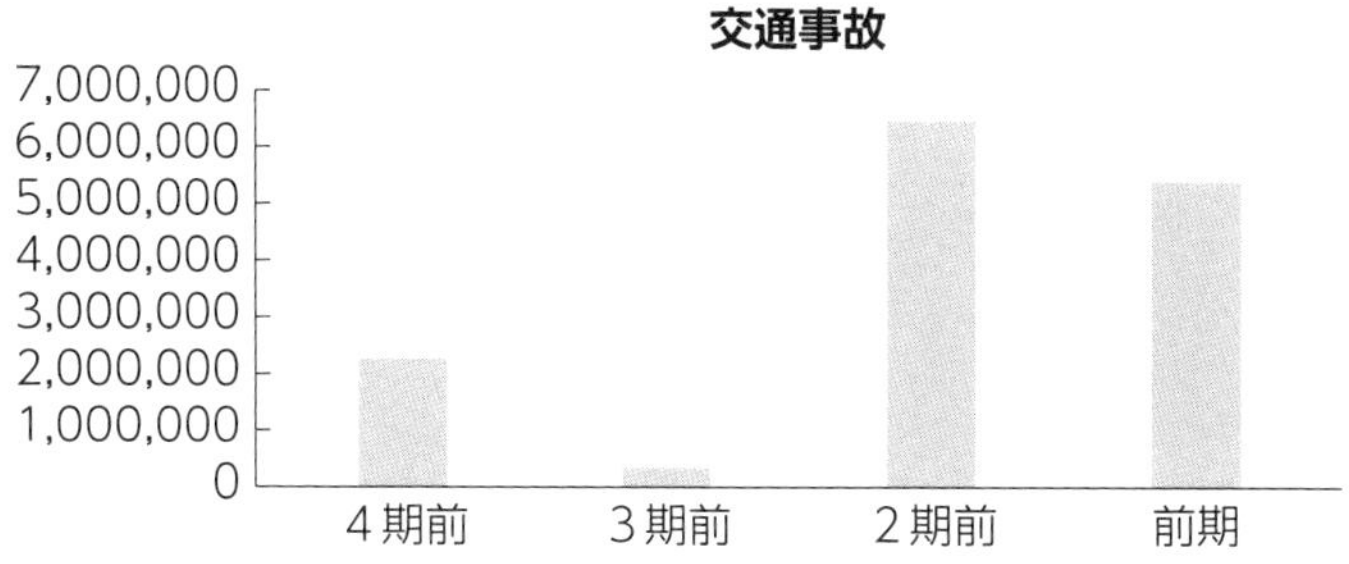

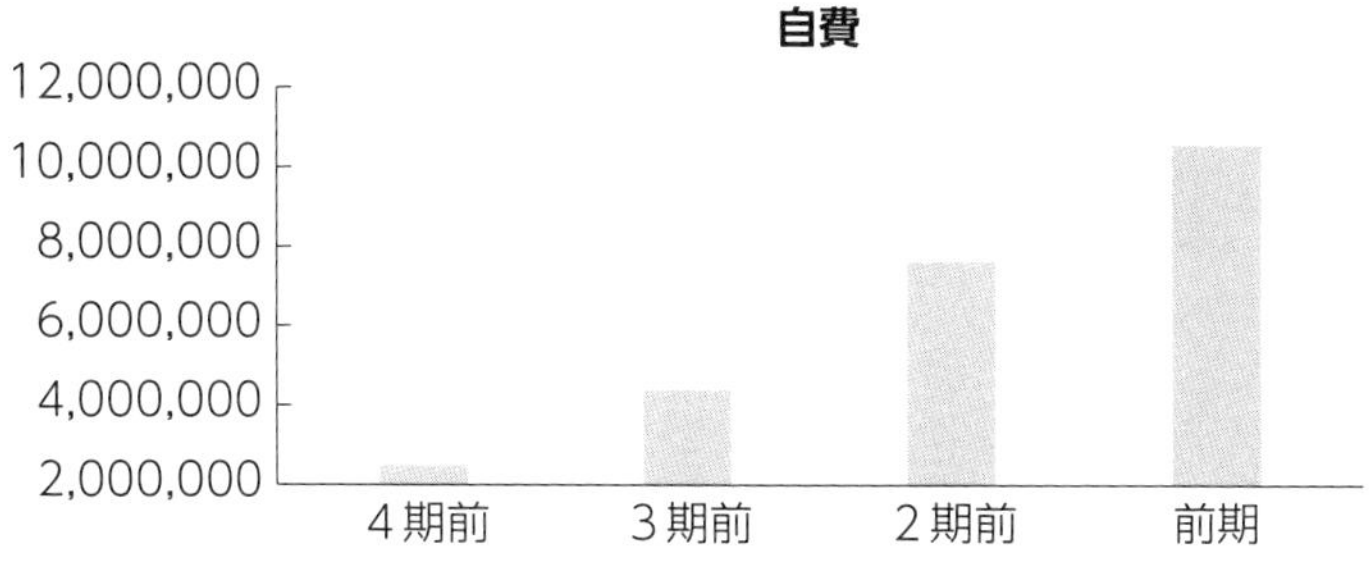

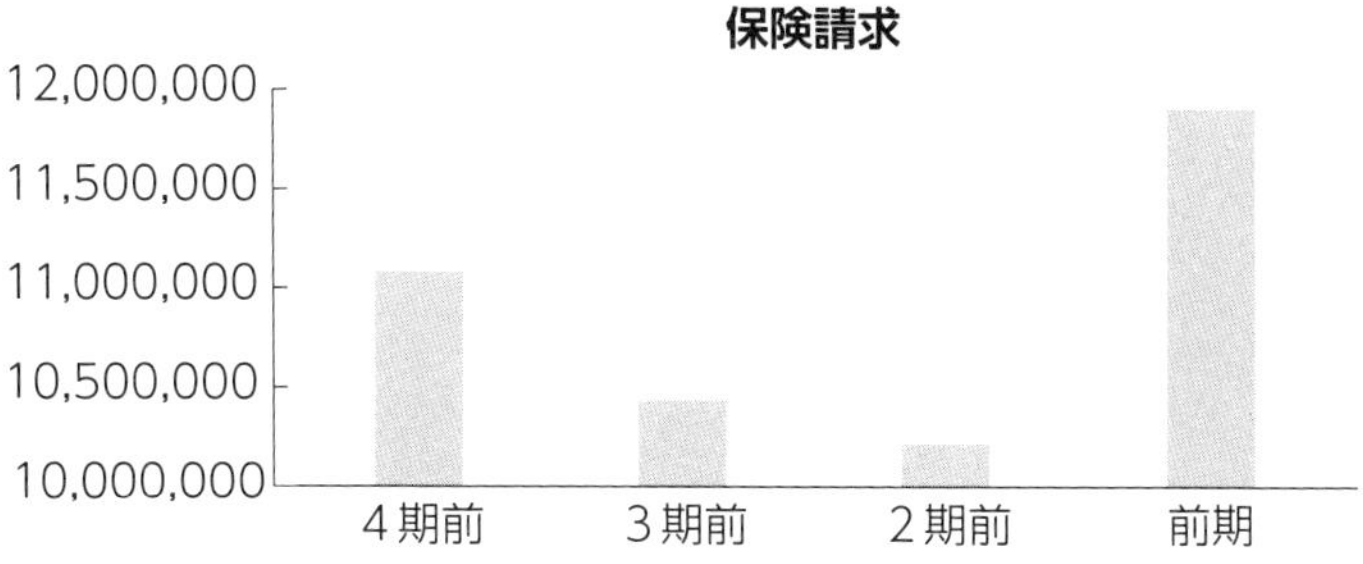

2 患者数と平均単価の分析ポイントとは？

来院患者分析で基本となるのは患者数の分析です。日々の患者数を把握しつつ、週ごと、月ごとに集計します。整骨院の場合は保険、完全自費、交通事故で分けて集計します。また、患者一人当たりの単価も把握しておきましょう。

整骨院では、保険だけでなく医療機器や鍼灸等による自費併用、そして完全自費が不可欠になっていますから、単価の把握をしつつ自費率を上げていく対策を講じる必要があります。完全自費の治療院は、ほとんど整骨院が自費化していく中で患者数を伸ばしていくという課題に直面します。

保険と完全自費の患者層は違うので、完全自費の患者の獲得競争となっています。今は数字を把握しながらの戦略が、求められています。ここでは、来院患者の分析内容とポイントを解説していきます。

1．1日平均患者数…治療院で、最も重要になる数値は「1日平均患者数」です。この数値は、1ヶ月の総延べ来院患者数を営業日数で割れば算出できます。弊社のコンサルティング先には、他院との比較をわかりやすくするために、半日営業にしている日は0・5日計算にして算出してもらっています。

2．昨年と比較した今年の患者数（昨対比率）…一般的に冬場は患者数が少なく、春や秋は患者数が多くなるなど、季節ごとに患者数は違ってくるので、単純に先月と比べるよりも、昨年の同月と比較した今年の同月の患者数とを比較します。また、年ごとの状況の推移をよりわかりやすく分析するためには、できれば過去3ヵ年分で比較することがベストです。

3．平均単価…売上高÷総延べ患者数で算出できますが、月ごとに集計していきます。単価に関しては、前月との比較及び昨年との比較をして分析します。単価アップを進めている場合は、必ず把握し、単価アップ対策が数字に反映しているかどうかをチェックしましょう。

※コンサルティング先様の実際の数字を8年間比較

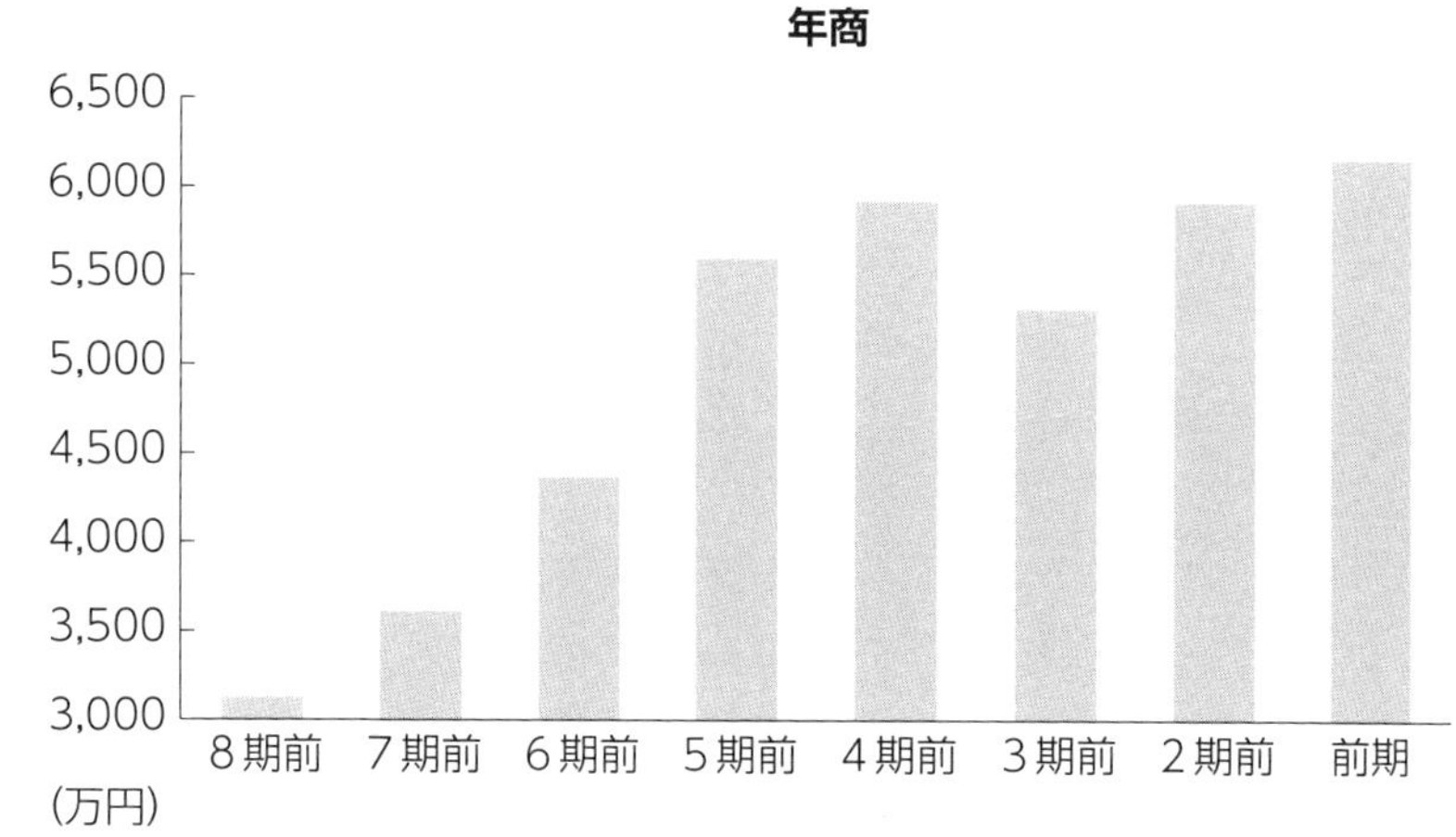

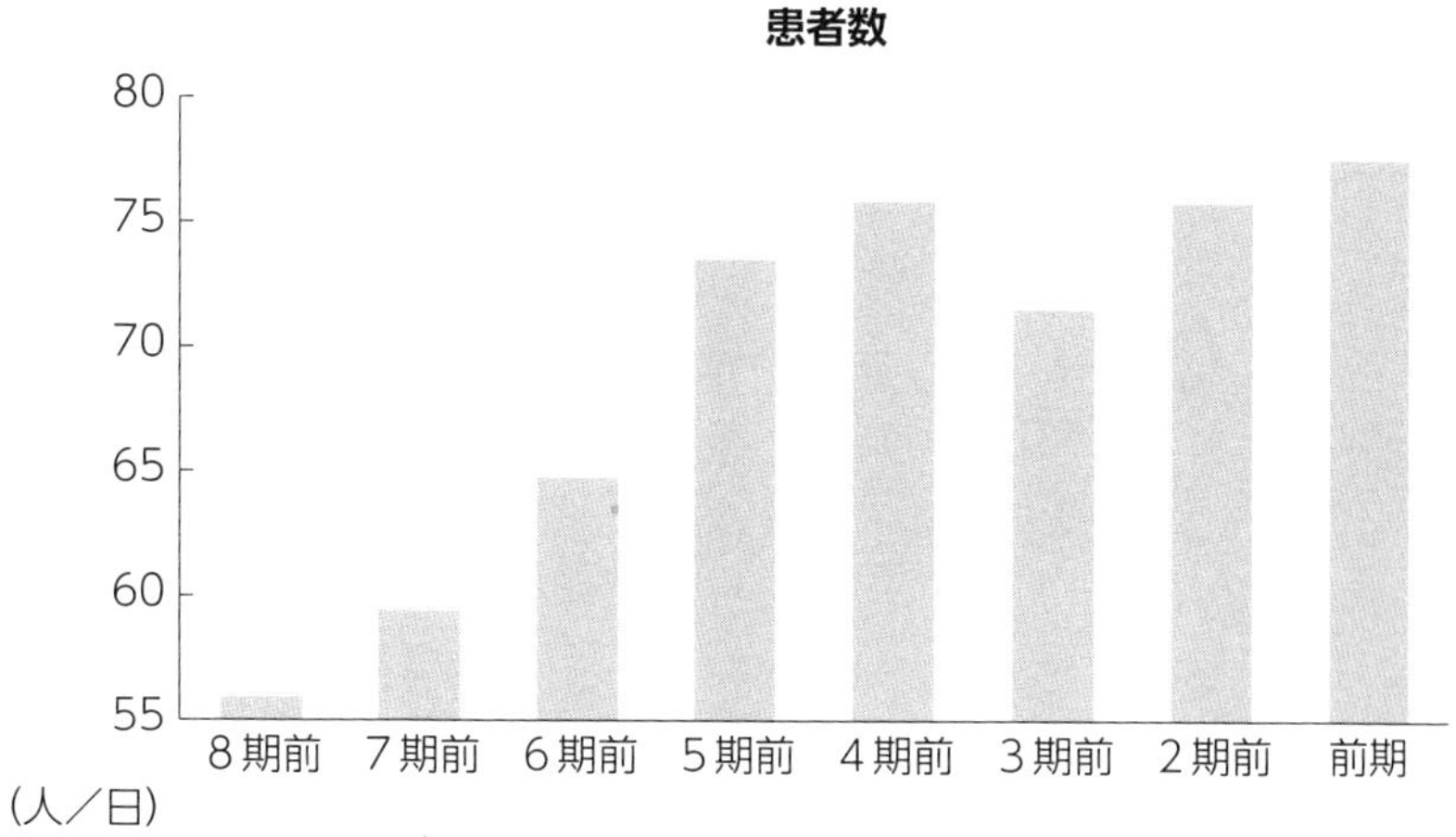

3 男女比率分析で見えてくる重要なこと

来院患者の男女比率を調べてみたことはありますか？　実は、弊社のコンサルティング先でもこの質問をすると、「だいたい女性が70％で、男性が30％くらいでしょうか」などと言われた治療院の院長に正確な数字を出してもらうと、実際は女性50％男性50％だったなど、ほとんどが外れています。感覚と実数は違うのです。これは、非常に恐ろしいことなのです。

これまでの統計上で言うと、女性比率の高い院は繁盛院、あるいはこれから繁盛する力を持った院です。逆に、男性比率の高い院は注意したほうがよいでしょう。

弊社では、「男性比率が高い＝女性に敬遠されている」と捉えています。説明に女性への配慮を欠いた表現をすることがあったり、掃除が行き届いてない、女性に対する心配りが薄いなど、女性にとって居心地の悪い雰囲気づくりが原因になることがほとんどです。

特に、シビアな目のある30～60代の女性から支持を受けられるかどうかがポイントになります。

実際、多くの治療院のターゲットは、間違いなく女性です。たとえば、クチコミはほとんどが女性によって広められます。コンサルティング先の治療院では、紹介者の80％は女性ということもあります。あなたの院でも、紹介してくれる患者のほとんどは女性ではないでしょうか？　女性が好む院づくりをしなければ来院患者数が増えないのは必然です。ですから、まだ男女比率の分析をしていない方は、今すぐにでも、まずは前月1ヶ月分と前年1年分の男女比率を調べてみてください。

数字で言うと、女性比率が70％ある院は、女性に対してしっかりと配慮している院と考えられます。さらに女性に受け入れられる院づくりを進めていきましょう。また、男性比率が女性比率よりも高くなっている院は、女性に対する配慮が欠けた部分があると疑ってみることが必要でしょう。

ご自身で原因がわからない場合は、第三者の複数女性・配偶者や専門家にたずねてみるとよいでしょう。数字は正確ですし、ウソをつきません。

ターゲットは女性
female70%
male30%

4 新患・リピート率の分析①

治療院経営は「新患数を増やすこととリピート率を上げることにどれだけの投資と努力をするか」しかありません。そして、この精度を上げることができれば繁盛院、精度が低いと不振院ということになります。

言葉で言ってしまうとごく単純です。しかし、その精度を上げる中身は、新患ではホームページ、PPC広告、エキテン、SNS、Googleマイビジネス、看板、チラシ、ポスティング、新聞折込、紹介のもらい方等で、リピート率では施術力、検査力、問診力、説明力、接遇、ハガキ等の郵送物、健康情報、内装設備、スタッフ教育等、そしてすべてに影響を与えるブランド化、料金設定等、多岐に渡るのです。

このように、新患を増やし、リピート率を上げる方法が限りなくある中から、強化する項目を決めて計画的に投資と努力を行なったら、何がうまくいって、何がうまくいかなかったのかの検証が必要となります。投資と努力の結果、数字が変わったかどうかを分析することによって、今後の投資と努力の方向性を変更すべきか続けるべきか、さらに投資と努力を増大させるべきかの判断をしながら、集患の精度を上げ続けることが経営なのです。

新患分析では、どういうきっかけで来院したかを問診票の中で選択してもらったり、問診時などに聞き出す必要があります。何をきっかけにして来院したかを分析し、今後の集患戦略に生かす必要があるからです。

たとえば、ホームページからの来院が多い場合はさらにインターネット関連への投資を増やしていったり、ポスティングが多ければ、ポスティング回数を増やす戦略を取っていくといった感じです。

このように、来院のきっかけの上位になっている項目にはさらに力を入れていくのが、投資効率がよいのです。

現実的に、新患数を上げるにはホームページを含めたインターネットからの来院とコストがほぼゼロでできる口コミ・紹介が鍵を握ります。

新患数を増やす
リピート率を上げる
精度
投資
努力

5 新患・リピート率の分析②

新患分析は、来院のきっかけの数字を分析すれば、要因はほぼ完璧にわかります。しかし、リピート患者分析は、かなり複雑です。実際、リピート来院のあるなしの分析は容易ではありません。

特に治療院は、「よくなったから来なくなる」こともあるし、前項でも挙げた施術力、検査力、問診力、説明力、接遇、ハガキ等の郵送物、健康情報、内装設備、スタッフ教育等、料金設定等、要因が多岐に渡るからです。

まずは、5回目までのリピート率を算出してみましょう。

たとえば、今が11月初旬であれば、8月の新患分析を行ないます。継続来院している方なら、約2ヵ月あれば、おおむね5回目まで来院できるというのが理由です。

その8月の新患数が30人と仮定すると、そのうちで2回目来院した人の合計が24人ならリピート率は80%、5回目来院した人の合計が6人ならリピート率は20%となります。これを毎月算出して、分析します。

そうすることで、たとえば施術内容を変更する等、大きな変更を行なった場合にリピート率がよくなっていたら、「その変更は正しかった」という分析をすることができます。実際、院内でさまざまな取り組みをする上で、リピート率の分析は不可欠だと弊社では考えています。

最後に、弊社のコンサルティング先でリピート率を分析してきたところ、おもしろい数字が算出できたことがあります。

それは、整骨院の新患で来院した患者さんが何回来院したかの統計を複数のコンサルティング先で分析したところ、実力のある治療家は2回目来院率90%以上、3回目来院率70%以上、5回目来院率50%以上をコンスタントに叩き出すことができることに気づいたのです。完全自費の治療院だと、2回目来院率90%以上、3回目来院率60%以上、5回目来院率40%以上が目安になります。ぜひ参考にしていただければと思います。

50%
5回目
4回目
70%
3回目
2回目
90%
1回目

6 来院患者のＲＦＭ分析でリピート率を上げるには？

患者全員が大事なのは当然ですが、「ファン患者」と「信者患者」を一人でも多く増やすことが非常に重要です。「ファン患者」や「信者患者」は誰かということを考えた時、院長のあなたならすぐに何人も頭に思い浮かぶと思います。あなたとラポール形成ができている患者の可能性が高いので、具体的に名前を列挙してスタッフ全員に共有しましょう。さらに、「ファン患者」や「信者患者」という、上得意患者は誰かを数字で分析する必要もあります。なぜなら、何度もお伝えしてきたように、「感じていること」と「分析したこと」が違うことが非常に多いからです。

さて、来院患者の分析を行なう上で、ＲＦＭ分析という方法があります。①R（Recency：直近）**直近に来院した日**、②F（Frequency：頻度）**来院回数が多い**、③M（Monetary：金額）**施術金額が大きい**、④**紹介した人・紹介された人**、を判断材料にして分析を行ないます。評価のウエイトは、ウエイトの高い順に④→①→②→③にするのが一般的です。ウエイトを考慮した上で並べ替え、上位20％が上得意患者ということができます。

また、ＣＲＭ（Customer Relationship Management：顧客関係管理）といった、簡単に言えば、患者との関係を強化するための「個別対応」を行なうことです。具体的には、各患者に応じた誕生日ハガキの送付等、あるいはもっと突っ込んで患者との会話で話題になったこと、たとえば「1月に九州旅行に行った」「最近ダンス教室に通い始めた」「お孫さんが国体に出場した」だけでなく、「どうでもいいこと」でもカルテ等に書き留めておきます。このように「施術を中心として強い思いで患者に関わる」ことの一つとして記録に残すことを継続すれば、必ずその強い思いを感じてくださる患者が出てきます。このような努力の積み重ねによって、「ファン患者」や「信者患者」が増えていきます。「ファン患者」や「信者患者」が増えていけば、新患獲得への投資を少なくして、リピートと紹介が中心となる理想の治療院に近づくことができます。

RFM分析
信者患者
ファン患者

7 アンケートを取って　これからの院運営に生かそう

あなたの院の長所と短所を知るには、アンケートを活用するとよいでしょう。患者にアンケートを取ることで、患者のニーズや意見を吸収し、今後の院運営に生かすことができます。また、アンケートに書かれたことの中で、よいコメントについては、「患者の喜びの声」としてホームページでの掲載や待合室などでの掲示、院内ニュースなどで紹介します。

当然ですが、「患者の喜びの声」を活用するに当たっては本人の承諾が必要ですので、あらかじめアンケート内で確認しておくとよいでしょう。アンケートの取り方として、大きく分けて以下の二つの方法があります。

来院患者へのアンケートの方法…月初から1～2週間程の期間を設けて、来院時に全員に受付で渡します。あらかじめ先月来院した方のカルテにアンケート用紙を挟んでおくと二重渡しを防ぐことができます。そして、専用のアンケート箱に投函してもらいます。アンケートは待合室等その場で書いてもらってもよいのですが、アンケート用紙をお持ち帰りいただいて次回来院時に持参してもらうほうが、より内容の濃いものになります。

前回来院から間の空いている患者へのアンケートの方法…封書にてアンケート用紙と返信用封筒を封入して郵送します。来院しなくなった方に送るのですから、「来院患者へのアンケート」とは比べものにならない、時には辛辣過ぎてモチベーションが下がるほどの本音の意見を書いてもらうことができます。あなたの院の改革が必要だと感じたり、何が原因で不振になっているのかわからなくなった時に実施すると効果的です。

記入されているアンケートを分析して、問題点や改善点を洗い出した上で、採用できることとできないことを決定して、採用したことは実行して、院内の掲示板等で報告しましょう。加えて、ホームページやブログ等で報告されることをお勧めします。

アンケートにご協力ください！

みなさまが当院をお選びいただいたことに心から感謝いたします。みなさまに、さらに喜ばれ満足される今後の整骨院づくりにご協力いただければ幸いです。

該当するものに○をおつけ下さい。

【性別・年齢】　男・女　～２０代　３０代　４０代　５０代　６０代　７０代～

【　ご職業　】　自営　会社員　主婦　無職　その他

Ｑ１．症状や治療内容についての説明は十分でしたか？

非常に良い　良い　ふつう　不満　非常に不満

改善点などございましたらアドバイスいただけませんか？

（　　　　　　　　　　）

Ｑ２．治療にかける時間は十分でしたか？

とても満足　十分　ふつう　不満　非常に不満

Ｑ３．当院の治療効果について

良くなっている　楽になった　変わらない　良くはならない　悪くなった

「悪くなった」方、どんな風にですか？

（　　　　　　　　　　）

Ｑ４．最後に、「当院に対する励ましのお言葉」を頂けましたら、ぜひお聞かせください。

（　　　　　　　　　　）

※この「Ｑ１０」をホームページや院内に掲示するなどで使用してもよろしいでしょうか？

いいえ　　**はい**（実名：　　　　　イニシャル：　　　　）

ご協力ありがとうございました。
皆さまの温かいお言葉を励みに一層の努力をさせていただきます。

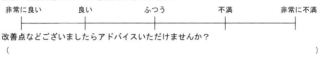

8 患者管理ソフトの活用で見えてくること

患者分析をする上ではコンピューターを使用したほうがはるかに経営効率は上がります。実際、患者管理ソフトは多様な種類が販売されています。あるいは整骨院でしたら、レセプト用のコンピューターソフトの中に分析できるツールが付いています。

弊社がお勧めしている患者管理ソフトは、整骨院、自費院向け等いくつかの基本パターンがあり、治療院ごとにカスタマイズできる仕様になっていて、数多くの治療院やリラクゼーションサロンで採用されています。

さて、治療院で患者管理ソフトを活用する中でいくつかのポイントがありますが、最も重要なのは患者情報管理です。患者名、住所、連絡先はもちろんですが、来院履歴としての来院日や回数、そして先に触れたＣＲＭとして活用する情報となります。これらの情報があれば、リピート率が算出できます。

また、来院患者を地図上に表示することができれば、自院の商圏分析が可能となります。さらにＲＦＭ分析ができれば、フォローすべき重要な患者さんを抽出しておいて全スタッフにその情報を共有することも随時できます。

そして、予約制の場合は予約登録機能と画面があると便利です。特に予約日まで間が空いている場合に、メールアドレスを登録しておいて、数日前に予約お知らせメールが自動で出せる機能があれば、予約のキャンセル率を大幅に減少させることができます。

また、スタッフ情報を入れることで、給与計算や歩合計算等も自動でできたり、会計処理も自動で仕訳ができる機能等があるソフトもあります。患者管理ソフトの導入によって効率が格段にアップします。

弊社では、整骨院レセプト請求代行団体「みんなの森®協会」を運営していますが、会員の皆様に数字分析の習慣づけをされることを強くお勧めしています。何度もお伝えしますが、少なくともこの章でお伝えした数字分析は必ず行なってください。あなたの院の強みと弱みがよくわかりますよ！

リピート率
来院履歴
お知らせメール
住所
来院回数
RFM分析
予約機能
商圏分析
患者名
歩合計算
スタッフ情報
来院日
連絡先
地図
会計処理
給与計算
患者管理ソフト

10章

経営コンサル20年で悟った治療院の未来を輝かせる経営のすべて

1 女性が気に入る院づくりをするための四つのこと

治療院にとって、女性に気に入られることは非常に重要です。実際、男性比率が高い院は、女性の気に入る院になっていないことが多いのは前章でお伝えしました。

しかし、女性にとって、ストレスなく快適な院にすることはそう簡単なことではなく、男性が些細なことだと考えていることでも、女性にとってはストレスフルで不快に感じることも多いのです。クチコミ・紹介をするのは圧倒的に女性ですから、女性に気に入られるかどうかで院経営は大きく左右されます。ここでは、女性が気に入る院にするためには、何をしたらよいかを、重要なものから順番に挙げていきます。

1．クリンネス（掃除）の徹底…女性には清潔さが求められます。掃除の行き届いていない治療院は、いくら施術技術がよくても、行きたくないという人も多いのです。次項でくわしく触れます。

2．女性スタッフがいる…特に、一人だけで治療院を運営されている方は、女性の受付スタッフがいることが望ましいでしょう。治療院では直接体を触られるので、男性が思っている以上に女性はストレスに感じます。男性だけの治療院でも、3人以上が常時いて、清潔感があり接遇力が高ければ大丈夫な場合もありますが、男性だけの場所に女性が通うのは不安を感じて当然です。

3．女性とのスムーズな会話…女性は感性が鋭いし、一度嫌いと思ったらなかなか覆すことが難しいと言われていますから、常におもてなしの気持ちを心がけるべきです。また、女性と会話するのが苦手な男性の方は、本やセミナーで学びつつ、意識して女性とのコミュニケーションを取る経験を積む等して、女性とスムーズに会話できるように努力する必要があります。

4．女性に院づくりについての意見を聞いてみる…女性に意見を求めることは、非常に大切なことです。できれば、複数の女性に意見を求めてみるとよいし、配偶者や専門家など、遠慮なく本音で意見を述べてもらえる方に聞いてみるのがベストです。

女性が気に入る
院づくり
女性スタッフ
清潔さ
スムーズな会話
女性に意見を聞く

2 治療院で物販による売上アップを可能にするには

治療院にとってのメイン商品は、当然ながら「施術」です。しかし、施術を補完する目的としての物販を行なうことは、治療院経営にとって重要なことになっています。当然ながら、腰痛ベルト、湿布、あるいは低反発マクラなどの販売を行なっている治療院も多いと思います。

ただ最近では、このような体の外から働きかける物販以外に、体の内から働きかけるサプリメントなどの健康食品の販売、あるいは食事指導などを行なう治療院も多くなってきています。実際、患者の立場で考えてみると、世の中に無数にある健康食品の中から、何を摂ったらいいのかを、日頃信頼を寄せている治療院に相談したいと考えるのは当然のことです。

ところで、ここ数年で急に「美と健康」に関する通信販売が増えているし、インターネットでもこれらの商品は異常なほど売れています。このように、「美と健康」へのニーズが高まっている中で、弊社のコンサルティング先では、「院長が選んだ健康食品ベスト5」、「院長がお勧めする『きれい』を保ちながらダイエットする方法お教えします」などとして紹介し、商品を扱っている院も多くなってきています。

さて、患者の最初の入口は「施術」という単品で、来院回数の多い患者へのアフターフォローとして健康食品等の提案を行なうという考え方があります。このような手法を、「一点突破全面展開」と言います。小額単品をまず購入してもらい、その後に関連性のある高額単品群を販売するという、マーケティングではよく使われる手法です。

要するに、「健康」というくくりの中での「施術」という単品を購入してもらった上で、「健康食品」などの「健康」に関わる商品の販売を行なうということです。

このような物販を絡めた「しくみ」を構築すれば、患者満足度を上げられる上に、「施術」という手技を使わないで売上げを上げることができます。

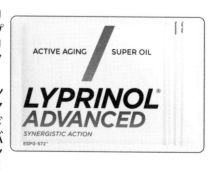

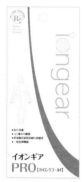

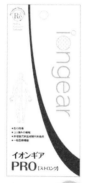

3 回数券、会員制度は導入するべきなのか？

回数券、会員制度の販売に力を入れている治療院が多くなりました。まず、会員制度についてお伝えします。近い業種では、フィットネスクラブは月会費の会員制度がスタンダードです。会員に入会して月会費を払えば、営業時間ならいつでも来放題というシステムです。月会費に加えて、パーソナルレッスンやヨガ等のオプションは別料金で受けられるので、これを治療院に応用しての導入です。治療院での定期課金（サブスクリプション）ですから、経営としては魅力です。

ただし、トークマニュアルにて入会を促されて契約したけれど、解約がしづらいなどの問題も起きています。会員契約への強引な勧誘をしている治療院もあるようです。少なくともトークマニュアルを作って新患全員に勧誘するのではなく、POPでお知らせして興味がある方に勧誘するようにしていただきたいと思っています。そして、いつでも自由に解約できるようにしないと、来院していないのに会費だけ発生している状態が、院のミッション・夢に合っているかどうか、を深く検討していただきたいと強く思っています。

次に、回数券についてお伝えします。以前、エステサロンで、契約するまで帰してくれない等のクレームが頻発して社会問題になる中、多店舗展開エステサロンが次々と倒産し、購入済の回数券が返ってこず、大混乱になる事態が頻繁に発生し、大きな社会問題になったことで、エステ業界に厳格なルールが適用された歴史があります。会員制度と同様、回数券もトークマニュアルを作って新患全員に勧誘するのではなく、症状改善までに必要な回数の目安を説明した後に、POPでお知らせして興味がある方に説明し、「患者の意思で購入」できるようにしないと、回数券を使い切れない場合、勧誘されての購入は「だまされた」と思われてしまいます。

治療院が「回数券・会員制度を勧誘されるところ」というイメージがつくと、「勧誘を覚悟で行くところが治療院」となってしまい、治療院業界全体にとっての大きな損失になります。みんなの森®整骨院グループは、会員制度・回数券の強引な勧誘、押売りを禁止としています。

使い切れない・・
解約しにくい
だまされた！
ぜひ
ぜひ～
会員券
回数券

4 交通事故（自賠責）の増患・対応のポイント

「交通事故の患者を増やす」と言うと、交通事故が起こることを望んでいるように捉える方もいるのではないかと思います。しかし、治療院に来院する患者さんを増やすのに腰痛になることを望んでいるわけではないのと同じで、不幸にも交通事故に遭ってしまわれた方が他院ではなく、自院に来院してもらうにはどうすればよいか？ということなのです。

私が設立した、一般社団法人交通事故医療情報協会（2010年設立、以下「交医協」）の代表理事会長として、整骨院等の医療機関の認定とサポート、内閣府・警察庁等10府省庁・都道府県・市区町村等が主催する「全国交通安全運動」の協賛団体としての活動、内閣府（公財）交通遺児育英会と（公財）交通遺児等育成基金で募金・ボランティア活動、提携している交通事故専門の弁護士さんからの交通事故に遭われた方へ無料相談サポート等を行なっています。勉強会やセミナーの開催、ボランティア活動を通して、交通事故に苦しめられている方が非常に多いという実態を知るに至りました。それは、症状があるのに認めてくれない損害保険会社や病院での意見相違、冷遇等に、身体だけでなく精神的にも追いつめられて、中には仕事に復帰できない、日常生活もままならないほどの交通事故被害者が非常に多いという現実でした。そこで、交医協に認定を受けた治療院では、治療面でのサポートだけでなく、損害保険会社との交渉や病院との連携を図るための情報を認定院さん同士で共有してもらう勉強会等のサポートや弁護士・行政書士さんの無料相談が何度でも受けられるようにして、交通事故被害者の強い味方になっていただく体制にしています。

認定院の中でも、交通事故患者を飛躍的に増やされている院が多くいらっしゃいます。そのポイントは「交通事故被害者を救いたいという強い思い」です。「自院の地域で交通事故に遭ってしまった方にとって最適な院は自院だ」と胸を張って言える体制があり、そのサポート体制があることを一人でも多くの人に伝えるべく行動している院です。最後に、突然の交通事故でお亡くなりになった方々のご冥福を心よりお祈りいたします。

[redacted]

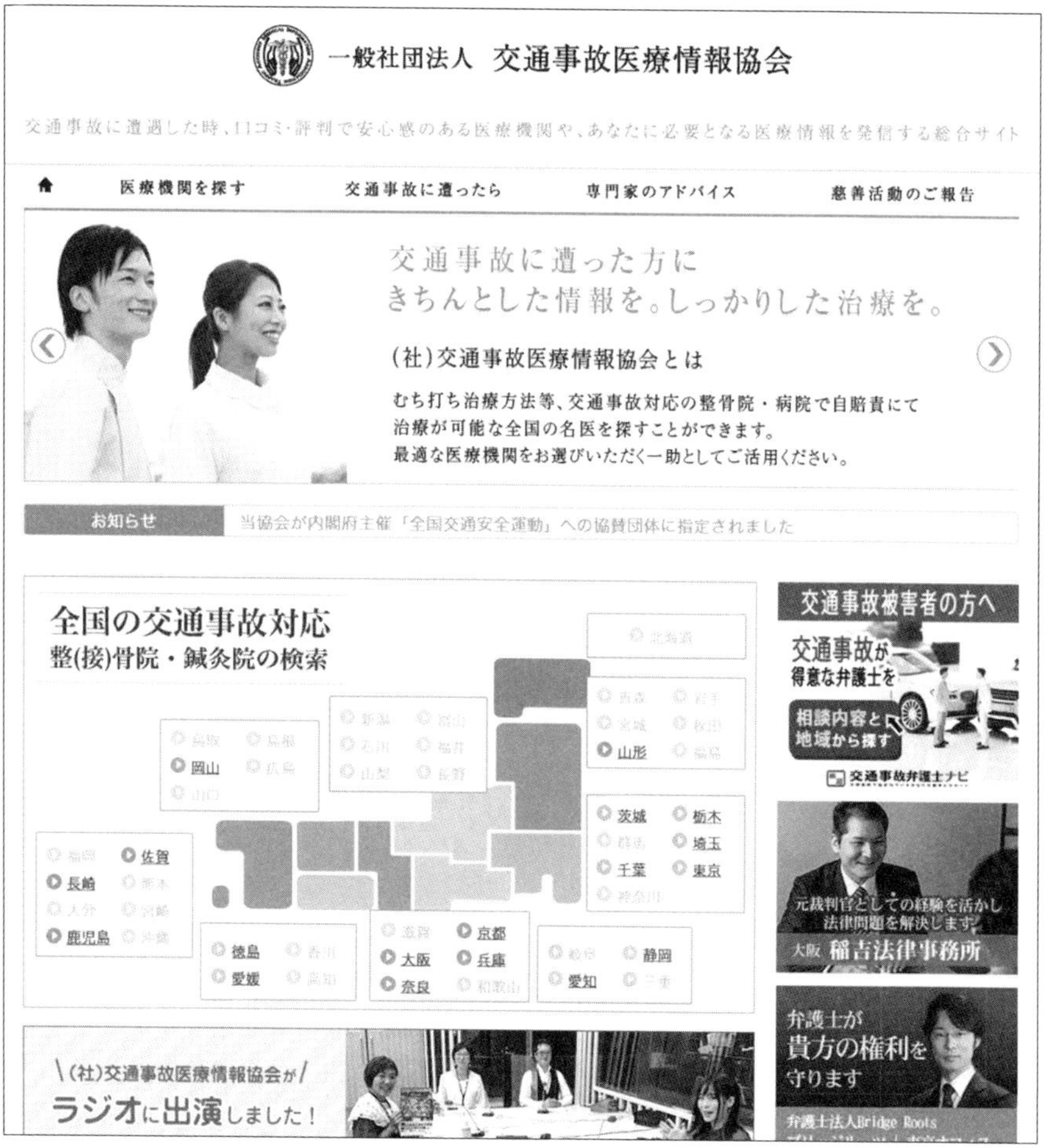
一般社団法人　交通事故医療情報協会
交通事故に遭遇した時、口コミ・評判で安心感のある医療機関や、あなたに必要となる医療情報を発信する総合サイト
医療機関を探す
交通事故に遭ったら
専門家のアドバイス
慈善活動のご報告
交通事故に遭った方に
きちんとした情報を。しっかりした治療を。
(社)交通事故医療情報協会とは
むち打ち治療方法等、交通事故対応の整骨院・病院で自賠責にて
治療が可能な全国の名医を探すことができます。
最適な医療機関をお選びいただく一助としてご活用ください。
お知らせ
当協会が内閣府主催「全国交通安全運動」への協賛団体に指定されました
全国の交通事故対応
整(接)骨院・鍼灸院の検索
岡山
山形
茨城　栃木
埼玉
千葉　東京
佐賀
長崎
鹿児島
徳島
愛媛
京都
大阪　兵庫
奈良
静岡
愛知
交通事故被害者の方へ
交通事故が得意な弁護士を
相談内容と地域から探す
交通事故弁護士ナビ
元裁判官としての経験を活かし法律問題を解決します
大阪　稲吉法律事務所
弁護士が
貴方の権利を
守ります
弁護士法人Bridge Roots
(社)交通事故医療情報協会が
ラジオに出演しました！

5 開業時と経営安定期で違うやるべきこととは？

開業当初は、とにかくがむしゃらに経営に集中する必要があります。寝る間を惜しんで、目の前に現われて来るさまざまな経営課題に取り組まなければなりません。

開業当初はがんばったとしても、失敗する可能性が最も高いので、やれることは何でもやるという姿勢が不可欠な時期です。わかりやすい例として、ロケットの打ち上げが開業と経営安定期の違いに似ています。ロケットも打ち上げ時に、ほとんどの燃料を使いはたして飛び立ちますが、ほとんどの失敗は打ち上げ時に起こります。軌道に乗ればそれほど燃料は必要なく、安定して運行できるのです。

経営に話を戻しますが、開業して数年経って、経営がある程度安定してくると、次のステップに向かわなければなりません。開業当初は、「何とか軌道に乗せるぞ！」という強い思いで進みますが、経営が安定してくると、開業当初と同じモチベーションの高さではなくなります。こういう時期には、「このままのペースでいけば何とかやっていけるか」と思ってしまって、「ある程度の来院があって忙しいし、疲れている」ことと、「治療院と自宅の往復で終わる日々」が続いてしまい、マンネリや気のゆるみが出がちになるものです。しかし、この経営安定期に、経営についてさらに勉強をしたり、施術技術のさらなる向上を図る等の努力を続けたり、そして人としての幅を広げられるかどうか、が繁栄と衰退の分かれ道になります。長く経営をしていると、順調な時ばかりではありません。また、経営がマンネリ化すると新たなことに手を出したくなることもあります。さまざまな問題や課題が出て、時には閉院の危機が訪れることがあるかも知れません。その時に、「正しい決断」ができるかどうか、が重要になります。

当然ですが、経営に正解はありません。無限の選択肢がある中で、「正しい決断」ができるかどうかは、知識と経験に基づいた「知恵」があるかどうかです。ですから、経営の勉強をし、施術技術を向上させ、そして人としての幅を広げることで、「決断」の精度を上げていくべきなのです。

安定期
気のゆるみ
マンネリ
強い思い
開業当初

6 「ホンモノ」「一流」に触れて人としての幅を広げるには

経営をしていく上では、さまざまな「決断」が必要になります。その「決断」の精度を上げるためには、「人としての幅を広げる」必要があります。経営の質の向上は、マーケティングによる集客、リピート、接客ノウハウの習得等の「経営手法」を学ぶだけでは、一歩先に進めないと私は確信しています。

人生としての豊かな経験をすることも経営に生きてきます。私の友達の経営者の多くは、経営手法に優れているだけでなく、人生を楽しむために経営をされているような方が多いです。私自身の話で恐縮ですが、経営コンサルタントとして駆け出しの頃から会社設立後の数年までの約10年は、仕事以外のプライベートはほとんどないくらいの仕事人間でした。しかし、その後、海外旅行をしたり、名店のレストランで食事をしたり、ファッションを学んだりと、意識して仕事以外のさまざまな経験をすることで見えてくることがたくさんありました。ポイントは「ホンモノ」「一流」に触れることだと思います。

私が実感していることは、「百聞は一見に如かず。百見は一体験に如かず」です。人から聞いてすごいと感じること（聞）と、直接見てすごいと感じること（見）と、実際に行く（体験）のでは、感じるレベルが違います。

私は、ホスピタリティの高いアマンリゾーツや私が大変お世話になった高橋滋氏がオーナーのレストラン「カシータ（Casita）」等の一流の接客をたくさん受けたり、ジェームス・スキナー氏の経営塾（ビリオネア塾）で直接教えを受けつつ、素晴らしい経営者と出会って交流して人生観が変わりました。仕事以外のことに興味を持ち、豊かな人生を歩んでいる人は人に好かれていて、魅力があります。その魅力によって患者が惹きつけられたり、患者の癒しになったり、従業員からリスペクト（尊敬）されたりするようになるのではないかと思います。

私自身、「霊体治療法」、四柱推命の口伝秘学術「易選流」を学ぶなどして、より多くの国民、治療家のみなさまに貢献できるホンモノ人間になれるように精進しています。

伊勢神宮「内宮」にて

「易選流」鑑定に使用する「萬年暦」

7 異業種の経営者と交流を持つと見えてくることとは

私はこれまで、数多くの治療院業界の方とコンサルティングを通して知り合いになりました。そこで感じることは、治療院業界の交流は多少あっても、異業種の交流は少ないなぁということです。

特に、個人で治療院を経営されている方は、診療日は治療院に終日いて、休診日は仕事としてなら施術の勉強会に参加することが多いようです。異業種の経営者と会う機会があまりない状態が続くと、業界の殻に閉じこもってしまいがちになります。

そのような方は、交流会に参加したり、異業種の経営者が集まる勉強会に参加されることをお勧めします。さまざまな経営者と交流して、自分自身が専門としている分野以外の人と損得勘定抜きに交流することは大切なことだと思います。

私は、異業種の経営者と交流することが多いのですが、さまざまな気づきが得られたり、人脈となって助け合う関係になっています。とくに、成功していると思える人と交流することが一番です。あなたの一歩先を進んでいる人と交流して深く関わることで、なぜその人が成功しているのかが体験を通して実感できるし、人生観が変わることもあります。

ところで、私が多くの異業種の経営者と交流していて感じるのは、みなさん大きなチャレンジをしてかなりシビアな失敗をされている方ばかりだということです。弊社のコンサルティング先でも、分院展開している方等、治療院を抜けて経営に専念している方は、おおむね異業種との交流を多く持たれています。

そのような方は、別事業を立ち上げたりもされますし、治療院経営の新たな枠組みを作っていかれる等、数多くのチャレンジをされます。チャレンジをすると失敗することもありますが、その失敗を教訓として次に生かしていかれます。そういう私も、「みんなの森®整骨院」グループを立ち上げ、全国各地に展開するというチャレンジの最中です。

私はこれからが人生の本番です！　私のミッションの実現に向かって一生チャレンジしていきます!!

経営者の友人達と

8 治療院業界と異業種との違いはある？

治療院経営は他業種と比較すると、難しい商売だと思います。私は現在、専門としている治療院・整骨院・リラクゼーション以外にもこれまでエステ、時計、メガネ、リサイクル、リフォーム、シロアリ・害虫駆除業などさまざまな業種をコンサルティングしてきました。治療院の「商品」は施術技術ですから、常に技術を磨いて進化させていかなければなりません。分院展開を行なっている場合は、施術技術の品質を常に維持しておく必要があり、定期的な技術チェックが必要不可欠です。さらに、検査、問診、説明、接遇もあなたが行ないますから、確固とした商品力（施術技術）が必要なだけでなく、販売（検査、問診、説明、接遇）もしっかりできなければなりません。さらに、販促もあなたが行なうので、「商品」「販売」「販促」のすべてを担当するということになり、経営者として相当バランスが取れている必要があるのです。また、これからの個人経営の治療院は、弊社のようなコンサルタント会社が「販売」「販促」を代行し、治療家は検査、問診、施術という「商品」に集中する環境づくりが不可欠です。特に、インターネット販促は素人が成果を上げられるレベルではなくなっています。

治療院の中でも特に整骨院業界は、増え続ける競合院の開業、保険制度の改変による整骨院と整体やカイロプラクティック（施術方法によってはリラクゼーションサロンも）等の自費治療院が競合する時代になって、自費での集患が不可欠だからです。保険診療は、保険請求額分は患者さんからすると割引分に当たります。つまり、定価から7割引等して来院しているのですから、一般の商売と比べると、これまでの整骨院業界がユル過ぎで、それほど経営努力をしなくてもやっていけていただけだと考えています。

以前は、開業すればすぐに患者さんが来院して、院を閉めなければならないほどの経営状態になることはまれでした。どの業界でも創業したら一定の割合でうまくいかずにお店あるいは会社を畳むものですから、治療院業界も正常な業界に近くなっただけと考えています。

販売
販促
商品力
バランス

9 「営業マン」になって新患を増やす方法とは？

「出会うすべての人が患者になる可能性がある」――そのような意識で、常に人と接している人とそうでない人では、かなり大きな差がついています。たとえば、治療院の近隣にある飲食店、美容室等の個人経営で商売をしている方と仲よくなって、数多くの紹介をもらったりすることも「営業」と言えます。

つまり、治療院への来院を目的とした集患だけでなく、また、スーツを着て営業をするという一般的な「営業」ではなく、治療院とは違う場所で患者になる可能性のある人、患者を紹介する可能性のある人に出会う活動をすることも「営業」なのです。

私は、20代半ばの頃に「自己啓発プログラム」を売る、完全歩合制での訪問販売のセールスマンをしていました。電話帳の片っ端から電話営業したり、飛び込み訪問したり、さまざまな交流会に参加する等の貴重な経験をしたことで、「待ち」の経営だけでなく「営業」が重要だということを、身に染みて実感しました。

ただ実際、治療院経営者が自ら「営業」をするというのは、「人に気軽に話しかけるのは得意ではない」、「プライドが許さない」、「施術をしてもらうことを営業するのは気が引ける」ということは理解できます。しかし、できることから実践してみることをお勧めします。

たとえば、学校に営業をしている方は多いものです。学校の中で、特に有望なのが、運動部の顧問の先生への「営業」です。通院中の部活をしている学生から突破口を開いて営業をかけるのが、一番効率がよいのです。また、運動会などの救急対応係としてボランティアで参加し、治療院をアピールすれば、父兄や学生や先生など地域の多くの人に認知してもらえる場となります。ボランティアで地域活動に参加したり、自治会の役員になって地域に貢献するのもすばらしいです。

また中には、治療院のまわりにある企業に営業をして、施術の特徴や利用の仕方などを説明するなどの営業を行なうことで、会社の福利厚生の一環として提携したり、出張施術を行なっている治療院もあります。

営
業
近隣
商店街
学校
運動部
近隣企業
地域活動

10 壮大なミッション・夢を抱くと起きることとは？

壮大なミッション・夢は、人生でも経営でも持つべきものです。私もわかったつもりになっていました。ジェームス・スキナー氏にミッションの重要性を直接教わり、私自身もミッションづくりを実践し、ミッションの大事さに改めて気づかされました。人生には、過去は記憶の中にしか存在せず、今と未来しかないのです。今と未来をどう生きるかは、死ぬまで自分自身で決めなければなりません。これまでの人生の延長線上の流れに任せて未来を決めるのも人生だし、壮大なミッション・夢を実現すべく未来の人生を歩むのも人生なのです。ただし、より豊かな人生にしようと思うなら、壮大なミッション・夢を抱かなければなりません。

壮大なミッション・夢に向かって歩んでいる経営者には、魅力があります。日々、夢に溢れていて、元気で快活で人生を楽しんでいる人と、やりたいことも特になく、現状にしがみつき、未来に悲観して人生が楽しいと思えない人では、どちらの人と付き合いたいでしょうか？

ところで、「みんなの森®整骨院」のコンセプトにもあるように、一人治療院としてがんばっていて、これからも地域の方に施術を通して貢献していくことをミッションされている方は多いと思います。「壮大」というのは、「規模を大きくして日本中、世界中に貢献する」ということだけではなく、地域に貢献する深さを追求することもすばらしいことなのです。この場合、人生をかけてやりたい地域貢献のミッション・夢を決めて、実現に向けて行動していきましょう。

「言うは易し、行なうは難し」ですが、壮大で強く思っていることは実現しやすいのです。壮大なミッション・夢が決まったら、自然と行動を起こしたくなります。逆に、自然と行動に移せないなら、それはあなたの本当のミッションではないのです。あなたが命がけで、本気で、ミッション・夢の実現に向けて行動していると、自然にあなたに共感する患者、従業員等の協力者が集まってきます。協力者が増えれば増えるほど、あなたのミッション・夢は実現に近づくのです！

夢
壮大なミッション

11 日本の健康寿命を延ばすお手伝い

私のミッションは、「日本の健康寿命を延ばすお手伝い」です。健康寿命を延ばすために重要なポイントは、①精神ストレス解消　②体のケア（施術）　③適度な運動、有酸素運動、ストレッチ　③バランスの取れた栄養摂取です。

各項目の詳細はかなり長くなってしまうので、ざっくりと言うと、これらの要素が不可欠です。

実は治療院は、時間を取って患者一人ひとりと向き合いつつ、これらのアドバイスがすべてできるポジションにあります。

そして、このミッションを実現するためには、東洋医学と西洋医学の融合が不可欠だということに行き着きました。東洋医学だけで健康寿命問題を解決するのはむずかしいと考えています。病気になってから、要介護になってから対処することが中心の現状の考え方では、少子高齢化が進む日本の国民皆保険の維持への限界が目の前に迫っていて、病気にならない健康づくりを国家としても推進し始めています。私は、西洋医学と東洋医学の連携が、すぐにでも取り組むべき国家課題だと常に言い続けてきました。

その結果、医師や歯科医師の方々に前著『自分でできる治療院選び』を推薦いただいたり、共同事業を始めたり、クリニック内に整体院を開業したり、歯科医院と提携した整骨院を開業するなど、多くの医師や歯科医師との連携をしながら具体的な取り組みを進めています。治療家のみなさんのお力が必要ですので、一緒に日本の健康寿命が延びる未来を創っていきたいです。

また、外反母趾研究所との提携も私のミッションの一環です。外反母趾、足・膝の痛み、スポーツパフォーマンス向上、スポーツ障害改善などの多くが「歩き方」に起因していて、「正しい歩き方」によって解決できるという20年以上のエビデンスのある改善法を提案している研究所です。

歩ける体づくりは、健康寿命を延ばすには不可欠です。

[redacted]

大人もOK
有明みんなクリニック
みんなの森®美容整体院
田町芝浦院
整体
産前・産後骨盤矯正
美顔
完全予約制
ご予約は有明みんなクリニックまで
有明みんなクリニック × みんなの森®
03-6722-6300

医療クリニックとの提携

みんなの森®整骨院
はあもす院
はあもす歯科が運営する
整骨院がオープンします！
日頃は、ご愛顧いただきまして誠にありがとうございます。
6月1日(木)、当院隣に全国チェーンの「みんなの森®整骨院」が誕生します。
地域の皆様の健康寿命を延ばすサポートをさせていただきますので、
はあもす歯科同様、お引き立ていただきますようよろしくお願いいたします。
はあもす歯科
こども歯科クリニック
×
みんなの森®整骨院
はあもす院

歯科との提携

12 訪問診療・健康経営・女性治療家の活躍の場づくり

治療院業界では、すでに多くの方が医師の同意書による鍼灸師、あん摩マッサージ指圧師による訪問診療をされています。今後はそれだけではなく、自費による訪問診療が大きな潮流になると見ています。特に富裕層は、治療院に行くのではなく、来てもらうのがすでに一般的で、パーソナル施術のニーズの高さがうかがえます。さらに、企業への訪問診療ニーズも高まって来ています。これは、経済産業省が推進する「健康経営優良法人認定制度」への取り組みが大手企業や中小企業で進んでいることに起因しています。

大手企業ではフロア常駐、中小企業では月に数回の訪問という形で治療家と契約し、従業員の健康増進を図る取り組みで生産性向上、従業員満足度向上、優秀な人材採用といったメリットを生んでいる事例が増えてきました。

また、前項で書いた弊社で取り組み中の、医療クリニックや歯科と提携し、クリニック内の一角に治療家が常駐して施術することで、まさに東洋医学と西洋医学の融合を図ることで、地域医療に貢献するというムーブメントを拡げていきたいと思っています。

私が長年、残念に感じてきたことに「女性治療家の引退」があります。多くは結婚や出産によって、時間とお金を投資して取得した国家資格が本人にとっても、そして何より日本にとっての損失になってしまっていることです。

女性治療家が復帰できない原因の一つと言えるのが、家事や子育てをしながら治療家として短時間働きたいと就職活動をしても、短時間の勤務採用がほとんどないという受入側の治療院の経営事情があります。このミスマッチを解決できる方法が訪問診療、健康経営、クリニック内診療だと確信し、女性治療家が短時間、週数日の稼働でも活躍できる場づくりの貢献事業の運営を弊社で行なっています。

女性特有の悩みに本当の意味で寄り添えるのは女性治療家です。一人でも多くの女性国家資格者の活躍が不可欠だと強く思っています。

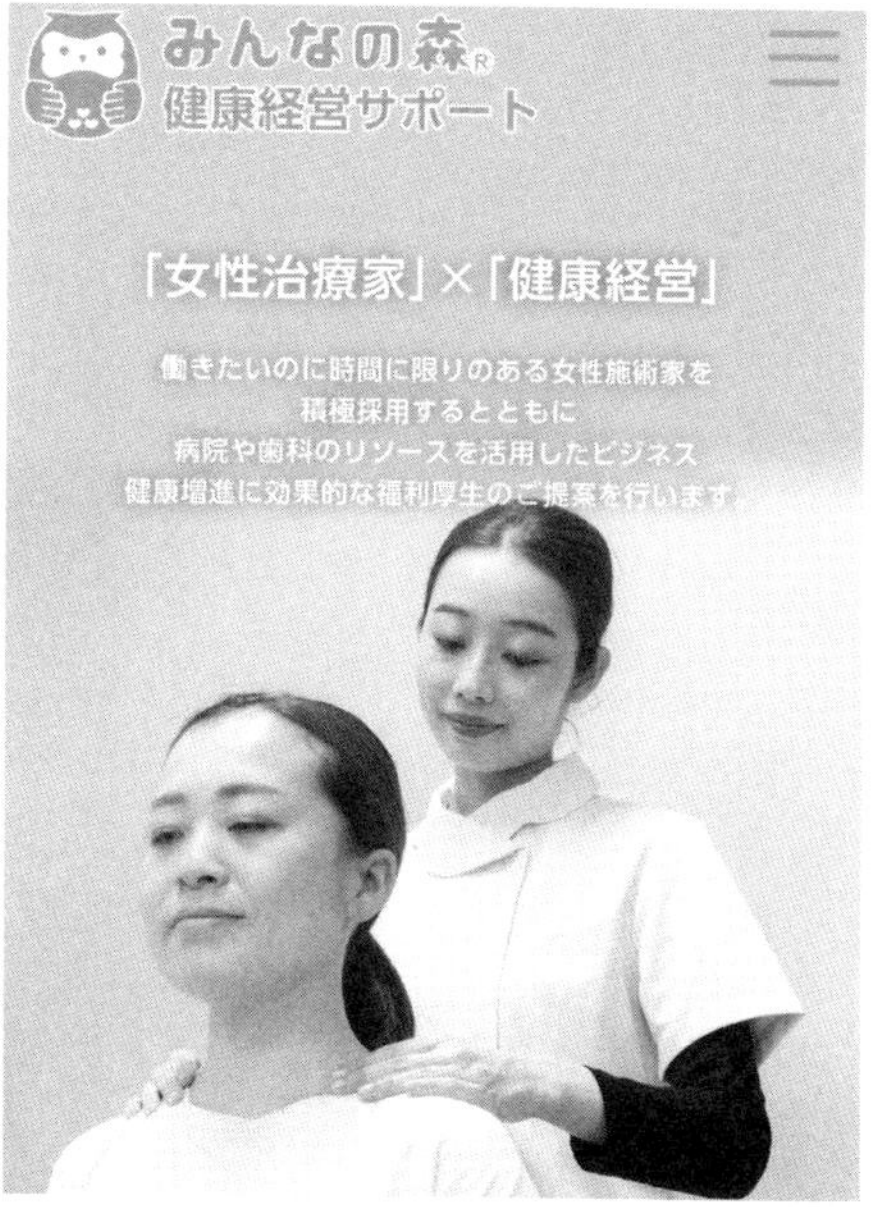

健康経営を導入したい企業、
医療クリニック・歯科向けサイト

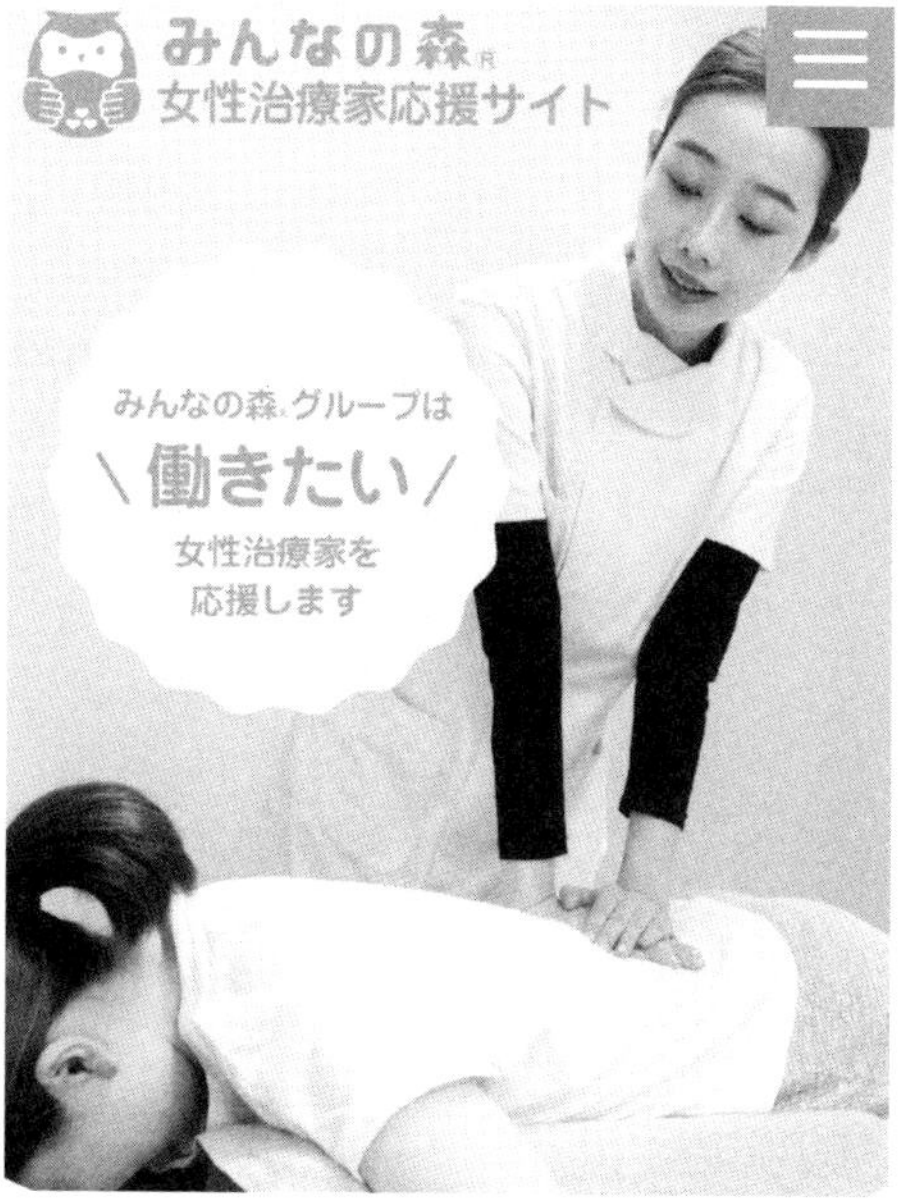

女性治療家の応援サイト

13 失敗する人と成功する人の違いとは

私は、7年間お世話になった船井総合研究所の故船井幸雄氏が提唱された船井流経営法に魅せられた者の一人です。船井流経営法の中でも、私が今でも最重視していることは、「長所進展法」です。長所を見つけてそれを伸ばすことが経営を成功させる近道なのです。長所探しができた時点でコンサルティングのほとんどが成功していると思っているほどです。

さらに、成功の3原則「すなお」「勉強好き」「プラス発想」です。物事や意見をナナメから捉えるのではなく、正面から見つつ人の意見を聞くという「すなお」、何に対しても探究心を持って研究努力を重ねるという「勉強好き」、そしてうまくいかなかったり、最悪の状態に陥ったとしても前向きに物事を捉える「プラス発想」という考え方です。

そして、成功する人は「責任を取れる」「インサイドアウト」の人です。自分の周りで起きる問題の多くは、自分自身が原因で起こっています。経営者は最終的な責任を負うのは当たり前なのですが、中には立地が悪い等といったまわりの環境、従業員に問題があるからうまくいかないという発想をされる方がいらっしゃいます。立地や従業員を選んだのは他ならない経営者のあなた自身なのです。自分自身の過去の決断に対して自分で文句を言っても、うまくいくわけがありません。成功する経営者は、そのような過去の決断に対して責任を負い、この経験を次に生かすという発想をします。

また、永続的に成功する人は貢献マインドがあり、Ｗｉｎ－Ｗｉｎの関係を構築し、関わる人々と共存共栄して発展していくという発想をします。取引のある業者に対して業者泣かせの要求や値引きを強要したり、自分自身や自院の利益、名声、名誉のためにまわりを利用することが専らな人は、一時的には発展したとしても、長い目で見るとうまくいきません。

そして、「易選流」で導き出す「人生の設計図」の「命式表」を紐解くと、十人十色で同じ運命の人はいないと改めて気づかされます。関われる人、一人ひとりの個性を認め合うことが人生成功のカギだと思います。

成功
責任を取る
長所進展
インサイドアウト
共存共栄
勉強好き
すなお
プラス思考
失敗

14 最後に。治療家のあなたへのメッセージ

『儲かる！　治療院経営のすべて』が出版されたのは2005年。ありがたいことに1万6千部という信じられない部数が売れ、私を知ってくださる方が増えました。当時の治療院業界にはなかった治療院経営を網羅したバイブルとして認知いただいたようでうれしく思っています。

「ひどい腰痛で苦しんでいるのだけど、どこに行ったらいいのだろう？」等と体の不調に悩んでいる数多くの方に、「的確な情報を提供する」ことで患者が来院し、「的確な対応・施術」を行なって症状が改善することによって、多くの人を「救う」ことができます。より多くの患者を「救う」ことができる方が、より多くの収入を得られるのです。

治療院の商品である「施術」をより磨いていただいて、体の症状で苦しまれている患者さんを一人でも多く救ってあげてほしいのです。私が約20年、治療院と関わってきた中で、本当の意味で「的確な施術」ができるのは治療院業界だと確信しています。私は、これからも一生、治療院業界に関わる人生とすることを決意しているのも、治療院が人々を「救う」ことができるという思いからです。

経営において、ミッション、経営理念、ビジョンを明確にした上で、常にチャレンジし続けることが最も重要です。常に改善を重ね、発展進化していきましょう。

私の治療院コンサルタントとしての経験を生かして、一般の方向けの本『自分でできる治療院選び』を2020年4月に出版し、治療院の素晴らしさを日本国民の多くの方々に知っていただく活動にも入っていきます。私のミッションである「日本の健康寿命を延ばすお手伝い」の実現に向けてチャレンジし続け、治療院業界に貢献していければと思っています。

最後になりましたが、この本をきっかけにして、多くの治療院がたくさんの患者を救い、業績が上がり、より多くの国民に支持されるようになれば、これよりうれしいことはありません。

みんなの森、クライアント様のみんなと共に

無　料

最後までお読みくださった皆さまへ

アフターコロナの治療院経営
特典動画プレゼント

治療院コンサルティング２０年以上、そして直営治療院を経営している著者による治療院経営の集大成となった本書をお読みくださり、心より感謝いたします！

アフターコロナの治療院経営に貢献したいという強い想いから、特典動画を無料提供させていただくこととなりました。

ぜひ、以下のＱＲコードから特典をお受取りください！

著者略歴

吉田　崇（よしだ　たかし）

立命館大学経営学部経営学科卒業。SE、SMI 営業を経験後、㈱船井総合研究所に入社。7年間現場のコンサルティングに従事。2008 年 1 月、㈱吉田企画を設立し、代表取締役に就任。2010 年 3 月、一般社団法人交通事故医療情報協会を設立し代表理事に就任。2020年 7 月、医療機関サポート会社の㈱メディモを設立し取締役に就任。現在、西洋医学と東洋医学を融合しミッション「日本の健康寿命を延ばすお手伝い」を実現すべく、事業家、講演家、作家として活躍中。コンサルティング実績 1,000 社以上、講演実績 300 回以上。治療院グループ「みんなの森®」主宰。著書『儲かる！ 治療院経営のすべて』『はじめよう！「リラクゼーション」サロン』『学校では教えない 儲かる治療院のつくり方』（いずれも同文舘出版）『自分でできる治療院選び』（刈谷真爾監修、フローラル出版）がある。

HP　https://www.r358.com/
ブログ　https://www.r358.com/blog/
YouTube　https://www.youtube.com/r358com
Twitter　https://twitter.com/yoshidakikaku
Facebook　https://www.facebook.com/yoshidakikaku

最新版 儲かる！　治療院経営のすべて

2021 年 11 月 5 日　初版発行

著　者 ―― 吉田　崇

発行者 ―― 中島治久

発行所 ―― 同文舘出版株式会社

東京都千代田区神田神保町 1-41　〒 101-0051
電話　営業 03（3294）1801　編集 03（3294）1802
振替 00100-8-42935
http://www.dobunkan.co.jp/

ISBN978-4-495-56782-8

印刷／製本：萩原印刷

Printed in Japan 2021